IMPRESSUM

Olivers glutenfreie Brotbackwelt
Oliver Welling, *www.olivers-glutenfreie-rezepte.com*

1. Auflage 2024

ein Imprint der Kraterleuchten GmbH, Gartenstraße 3, 54550 Daun
Verlagsleitung: Sven Nieder

Lektorat und Korrektorat: Tim Becker
Fotos: Oliver Götz, iStock.com/Olesia Shadrina (Titelfoto)
Logo »Olivers glutenfreie Welt«: Hasegold
Gestaltung, Satz, Umschlag: Björn Pollmeyer

Gedruckt in der Europäischen Union, Finidr, CZ

FSC MIX Papier aus verantwortungsvollen Quellen FSC® C014138 www.fsc.org

ISBN 978-3-95540-718-6
www.regionalia-apart.de

Oliver Welling

OLIVERS GLUTENFREIE BROTBACKWELT

REGIONALIA
apart

SPEZIAL-BROTE UND -GEBÄCKE 107

BROTE UND GEBÄCKE OHNE HEFE 135

SÜßE BROTE 145

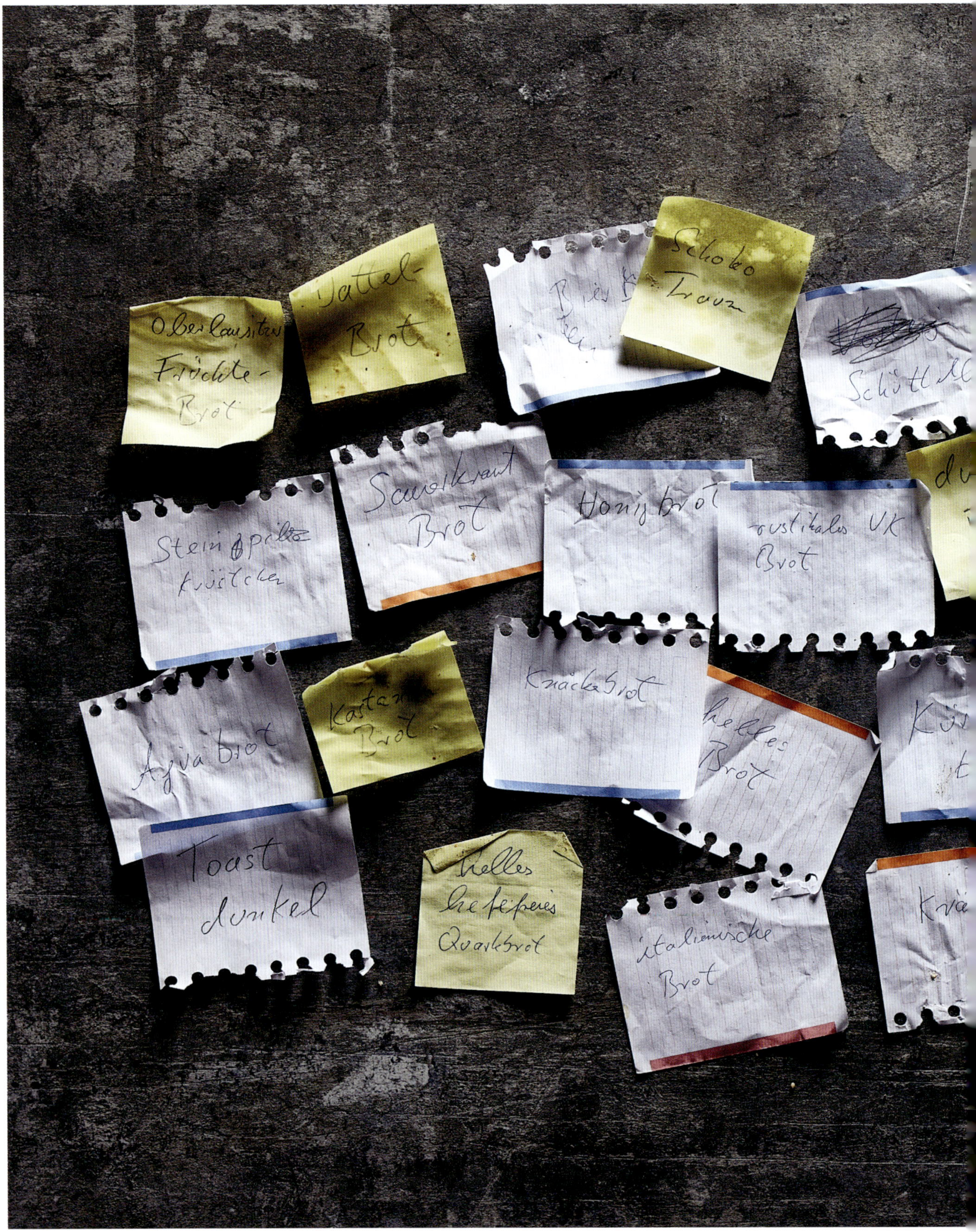
Oberlausitzer Früchte-Brot
Dattel-Brot
Schoko Traum
Sauerkraut Brot
Honigbrot
rustikales UK Brot
Knäckebrot
Toast dunkel
helles hefefreies Quarkbrot
italienische Brot

Toast
Müsli
Parmesan
Brot
dunkles
Brot
Bananen
Brot
Zucchini
Brot
Rübli
brot
Apfel
Naan
Zwiebel
Brot
Flusspferd
Fladen

VORWORT

Nach dem großen Erfolg meiner glutenfreien Backrezepte freue ich mich, euch nun in die Welt des Brotbackens mitzunehmen. In diesem Buch zeige ich euch, wie einfach und lecker es ist, glutenfreies Brot selbst zu backen. Egal, ob ihr ein saftiges Vollkornbrot oder ein knuspriges dunkles oder ein klassisches helles Brot bevorzugt – hier findet ihr für jeden Geschmack das passende Rezept.

Als Bäckermeister, Konditormeister und Lebensmitteltechniker habe ich unzählige Stunden damit verbracht, die besten glutenfreien Mehle und Techniken zu finden, um euch gelingsichere Rezepte anbieten zu können. Jedes Rezept in diesem Buch ist mehrfach erprobt und so gestaltet, dass ihr es ohne Probleme zuhause nachbacken könnt. Dabei lege ich besonderen Wert auf den Geschmack und die Textur, damit eure glutenfreien Brote genauso lecker und vielseitig sind wie ihre glutenhaltigen Pendants.

Ein besonderes Highlight: Viele der Brotrezepte in diesem Buch lassen sich auch problemlos zu Baguettes oder Brötchen formen. So könnt ihr mit wenigen Handgriffen eine große Vielfalt an Backwaren auf den Tisch zaubern. Zudem erkläre ich euch genau, wie ihr eure Teige richtig vorbereitet und aufbewahrt, damit sie beim Backen die perfekte Kruste und Krume bekommen.

Und falls doch einmal eine Frage aufkommt oder ihr weitere Inspiration braucht: In meiner Facebook-Gruppe »Olivers glutenfreie Welt« und auf meinem YouTube-Kanal stehe ich euch mit meinem Team zur Seite. Dort findet ihr auch viele hilfreiche Videos und Tipps, die euch das glutenfreie Backen noch leichter machen.

Ich wünsche euch viel Freude und Erfolg beim Backen – und natürlich einen unvergleichlichen Genuss beim ersten Bissen eures selbst gebackenen Brotes!

Euer

DIGITAL THERMOMETER
AUTO OFF

WARENKUNDE

GRUNDSÄTZLICHE INFOS ZUM GLUTENFREIEN BACKEN

Hallo Wellingianer, einige von euch entpuppen sich als richtige Backnerds ... Bravo! Ihr seid hier genau richtig! Für euch haben wir eine kleine Erklärung zusammengestellt. Diese ist aber nicht nur für die Nerds gedacht, sondern auch für Backanfänger. Es hilft, unsere »Diven«, die glutenfreien Teige, besser zu verstehen.

Wie unterscheiden sich glutenfreie Teige von glutenhaltigen Teigen beim Backen, und wie kann man dieses Wissen nutzen?

GRUNDSÄTZLICHES

1. Bei teighaltigen Rezepten entsteht durch die Zugabe von Wasser und das Kneten das sogenannte Klebereiweiß, auch Gluten genannt. Vereinfacht gesagt, kann dieses Gluten je nach Wassermenge und Quellzeit sehr stabil und fest oder weich und dehnfähig sein. Beim Formen eines Teigs muss relativ viel Energie aufgewendet werden, um Stabilität zu erzeugen. Bei zu viel Kraft kann das Klebergerüst jedoch reißen und den Halt verlieren. Insgesamt ist es aber stabiler und hat ein sehr gutes Gashaltevermögen, weshalb glutenhaltige Teige besser aufgehen.

2. Bei glutenfreien Teigen muss das Gluten durch andere Stoffe wie Wasserbinder und Stabilitätsgeber, die sogenannten Hydrokolloide, ersetzt werden. Fehlen diese, entstehen bestenfalls dünne Fladenbrote. Die Haltestrukturen bilden sich wie bei glutenhaltigen Teigen beim Kneten, jedoch ohne die gleiche Stabilität. Durch Teigruhe können diese „Bindemittel" nachquellen, was die Stabilität des Teigs erhöht. Die Bindemittel bestehen in der Regel aus natürlichen Bestandteilen, doch die Stabilität von glutenfreien Teigen erreicht nie die von glutenhaltigen Teigen. Aus diesem Grund sollte man beim Weiterverarbeiten des Teigs nur sanften Druck ausüben, um ein Reißen der Haltestruktur zu vermeiden. Diese Bindemittel können kein so stabiles Gerüst erzeugen wie das Klebereiweiß in glutenhaltigen Teigen.

3. Glutenhaltige Teige dehnen sich bei der Gare stärker aus, da das Klebergerüst stabil und gleichzeitig dehnfähig ist. Bei glutenfreien Teigen ist dies, wie oben beschrieben, nicht der Fall – hier ist das Gerüst eher unelastisch und reißt schnell. Daher gibt man dem glutenfreien Teig Öl hinzu, um die Elastizität zu erhöhen. Aufgrund der geringeren Elastizität gehen glutenfreie Teige bei der Gare weniger auf als glutenhaltige Teige.

4. Beim Backen dehnt sich bei glutenhaltigen Teigen das Klebergerüst aus, da sich die Feuchtigkeit im Teig in Wasserdampf verwandelt und auch die Gase der Hefe sich ausdehnen. Dies funktioniert, bis die Temperatur an der Oberfläche des Teigs über 75 °C erreicht hat. Ab diesem Punkt denaturiert das Klebergerüst, das heißt, es wird fest. Dieser Vorgang dauert etwa 5 bis 10 Minuten. Wasserdampf in den ersten Sekunden des Backens macht den Teig zusätzlich dehnfähiger und verhindert bei glutenhaltigen Teigen auch die Rissbildung.

5. Bei glutenfreien Teigen erfolgt die Volumenzunahme beim Backen ebenfalls durch Feuchtigkeit bzw. Wasserdampf sowie durch die Gase der Hefe, die sich im Teig ausdehnen. Dieser Vorgang dauert bei glutenfreien Teigen jedoch viel länger, etwa 18 bis 20 Minuten. Der Wasserdampf, der beim Backen erzeugt wird, und das Öl im Teig unterstützen diesen Vorgang. Bei glutenfreien Teigen dauert dies so lange, da die Stärken und Hydrokolloide erst viel später als das Eiweiß fest werden (dies wird als Verkleistern bezeichnet) und dabei das Wasser binden.

DARAUS FOLGT

Wird der glutenfreie Teig zu fest, zu lange oder zu intensiv geknetet oder bearbeitet, verliert er an Stabilität und bleibt beim Backen flach. Auch wenn glutenfreien Mehlen zu warme oder zu kalte Flüssigkeit hinzugefügt wird, kann dies den Teig destabilisieren – zu kalte Flüssigkeit bindet nicht ausreichend, und bei zu warmer Flüssigkeit bleibt der Teig weich. Daher ist es wichtig, die Temperaturangaben für Flüssigkeiten in den Rezepten zu beachten. Auch eine zu warme Gare oder Teigruhe kann dazu führen, dass sich der Teig nicht optimal stabilisiert und die Wasserbinder das Wasser schneller wieder abgeben. Dies macht den Teig instabiler, weicher, klebriger und führt zu weniger Volumen beim Backen. Daher sollte man glutenfreie Teige nicht im Ofen garen, auch nicht bei niedriger Temperatur! Verarbeitet glutenfreie Teige mit Gefühl, aber dennoch mit einer gewissen Vorsicht. Keine Angst, wenn das Volumen während der Teigruhe oder Gare gering bleibt. Wenn alles richtig gemacht wurde, kommt das Volumen im Ofen, und das Gebäck wird schön.

ERKLÄRUNG VON FACHBEGRIFFEN

HEFETEIG

Ein süßer Teig, der für Zöpfe und ähnliche Backwaren verwendet wird.

BRÖTCHENTEIG/BROTTEIG/TEIG

Ein Teig für Brot und ähnliche Backwaren, jedoch ohne Zucker.

TEIG

Ein Begriff für alle Teigarten, die mit Knethaken zubereitet werden.

EINWIEGEN

Das Abwiegen eines Rohstoffs direkt in eine Schüssel, die auf der Waage steht.

TEIGRUHE

Die Zeitspanne vom Ende des Knetens bis zum Beginn des Formens der Teigstücke. Während dieser Phase entwickelt sich der Teig weiter, indem er nachquillt und dadurch an Stabilität und Festigkeit gewinnt.

SCHLEIFEN

Das Formen der Brötchen nach der Teigruhe. Dabei wird eine Technik angewendet, um Brötchenkugeln mit genügend Spannung zu formen, sodass die Form stabil bleibt und Löcher im Brötchen vermieden werden.

GARE

Die Zeit zwischen dem Formen und Backen des Teigs. Während der Gare lockert sich das Teigstück weitgehend, wodurch das Gebäck eine schöne Krume und Volumen erhält.

TEIGLINGE

Die rohen, ungebackenen Brötchen oder Brote.

ABSTEIFEN LASSEN

Bei Laugengebäcken der Vorgang, die gegarten Teiglinge im Kühlschrank unbedeckt eine Zeit lang fest werden zu lassen. Dadurch werden die Laugenteiglinge stabil, und die Oberfläche trocknet ab.

EIN PAAR KLEINE BACKTIPPS

1. Weniger Wasser für den Teig zu verwenden, macht ihn zwar fester, aber: Das Brot wird dadurch nach dem Backen auch trockener und verliert schneller an Frische. Für eine bessere Frischhaltung sollte die Wassermenge nicht zu stark reduziert werden.

2. Wenn der Teig nach der Teigruhe noch etwas klebt, eignet sich Reismehl am besten zum Aufarbeiten. Es macht den Teig schnell trocken, doch Vorsicht: Je mehr ihr davon verwendet, desto trockener wird die Oberfläche des Brotes. Das kann zu einer harten, trockenen Kruste und einer grauen, nicht glänzenden Oberfläche führen. Alternativ kann auch jedes andere Mehl verwendet werden, aber Reismehl ist günstig und sparsam im Gebrauch.

3. Sollte der Teig etwas weicher und instabil sein, könnt ihr das Brot während der Gare auch ohne Gärkorb in einer Schüssel ruhen lassen. Legt ein Tuch in die Schüssel, streut es dünn mit Reismehl aus und gebt den Teig hinein. Das funktioniert fast genauso wie ein Gärkörbchen.

4. Weiche Brotteige sollten heiß angebacken werden. Heizt den Ofen etwa 30 °C heißer vor, als im Rezept angegeben, und dreht die Temperatur nach 5 Minuten, nachdem das Brot mit Wasserdampf in den Ofen gekommen ist, auf die im Rezept genannte Temperatur zurück. So bildet sich schneller eine stabile Kruste, und das Brot läuft nicht so sehr in die Breite.

5. Wenn das Brot nach dem Backen etwas wenig Glanz hat, füllt eine Sprühflasche mit kaltem Wasser und sprüht das Brot direkt nach dem Ausbacken sehr dünn und kurz mit dem Wasser ab. Dadurch werden die Dextrine, die sich beim Backen auf der Oberfläche bilden, fest und das Brot erhält einen leichten bis starken Glanz – je nachdem, wie stark das Brot bemehlt war.

TEMPERATUREN FÜR ALLE TEIGE MIT HEFE

Bei glutenfreien (GF) Teigen gelten andere Regeln als bei glutenhaltigen (GH) Teigen, da hier nicht reines Mehl, sondern Mehlmischungen verwendet werden. Diese Mischungen enthalten Bindemittel und Ballaststoffe, die zur Stabilisierung des Teiges und des Gebäcks dienen. Diese reagieren sehr unterschiedlich auf höhere Temperaturen: Sie geben beispielsweise Wasser wieder ab, wodurch der Teig klebrig wird, sie quellen in der Teigruhe nicht nach oder verlieren an Stabilität – oder all das gleichzeitig.

Deshalb werden die Temperaturen für Gare, Teigruhe und Rohstoffe bei glutenfreien Teigen anders gehandhabt als bei glutenhaltigen Teigen.

OLIVERS ALLGEMEINE EMPFEHLUNGEN

1. Ist es euch nicht zu kalt, dann dem Teig auch nicht.
2. Kein Durchzug.
3. Alle nicht-flüssigen Rohstoffe, wie Öl und Butter, sollten Raumtemperatur haben. Auch frisch gekochte Kartoffeln (wenn sie im Rezept verwendet werden) sollten Raumtemperatur haben, es sei denn, das Rezept gibt etwas anderes vor.
4. Flüssige Rohstoffe wie Milch und Wasser sollten zwischen 30 und 32 Grad haben. Diese Flüssigkeiten kühlen leicht ab, wenn sie in die Schüssel gegeben werden, daher ist diese Temperatur ideal.
5. Teigruhe und Gare immer abdecken, wenn möglich. Dies gilt besonders, wenn der Teig nicht mit einer Ei-Milch-Mischung bestrichen ist.
6. Niemals den Teig in einen leicht aufgeheizten Ofen stellen.
   Öfen können die Temperatur nicht so genau halten, wie man es für die Teigruhe benötigt. Wenn ihr nachmesst, bekommt ihr die Raumtemperatur angezeigt, aber niemals die Temperatur der Heizstäbe und die heizen dann nach, sobald der Teig im Ofen steht. Selbst wenn euer Ofen ein Programm für die Gare hat, ist dieses oft auf glutenhaltige Teige ausgelegt und erreicht Temperaturen um 35 bis 36 Grad, die für die Inhaltsstoffe unserer Mehle nicht gut sind und für Probleme sorgen können.
7. Den Teig nicht in die Sonne oder auf die Heizung stellen.
8. Teigruhe einfach in der Schüssel machen, in der der Teig geknetet wurde. Deckt die Schüssel ab und lasst sie einfach in der Küche stehen. Das reicht völlig aus.
9. Für die Gare die geformten Gebäcke abgedeckt in der Küche stehen lassen.
10. Hefe hat folgende Temperaturbereiche:
    Lebenstemperatur: ca. 0–25 °C
    Vermehrung: ca. 25–28 °C
    Gärung: ca. 30–35 °C
    Diese Angaben sind Richtwerte und bedeuten nicht, dass dies auch vorher oder später stattfindet. Durch die Vorgänge während der Gare und Teigruhe erwärmt sich der Teig leicht, sodass die Temperaturen im Teig selbst oft anders sind als im Raum. Dadurch versteht ihr, warum beispielsweise keine heißen Zutaten in den Teig hinein dürfen.

WARUM SOLLEN TEIGE ABDECKT WERDEN? UND WARUM MANCHE FEUCHT UND MANCHE NICHT?

Je nach Teig ist es notwendig, ein feuchtes Tuch aufzulegen, um die Oberfläche vor dem Austrocknen zu schützen. Bei anderen Teigen ist dies jedoch nicht notwendig oder kann sogar der Teigqualität schaden.

1. Warum Teige abdecken, egal ob feucht oder trocken?
   Teige sollten abgedeckt werden, um sie vor dem Austrocknen durch Zugluft zu schützen. Unabhängig davon, ob das Tuch feucht oder trocken ist (das hat nur etwas Einfluss auf den Teig), Zugluft ist generell schlecht für Teige. Deshalb ist das Abdecken so wichtig.

2. Brot- und Brötchenteige sollten feucht abgedeckt werden, da die schneller austrocknen.

3. Hefeteig benötigt keine feuchte Abdeckung.
   Durch den Fettanteil in Hefeteigen trocknen sie weniger schnell aus, sodass eine feuchte Abdeckung nicht notwendig ist.

4. Maisfreie Teige sollten besonders feucht abgedeckt werden.
   Diese Teige trocknen sehr schnell aus, weshalb hier ein feuchtes, sogar nasses Tuch sinnvoll sein kann, um die Feuchtigkeit im Teig zu halten.

5. Bei Brot- und Brötchenteigen mit Körnern ist eine feuchte Abdeckung nicht notwendig. Da die Körner selbst Feuchtigkeit mitbringen, trocknet der Teig weniger schnell aus. Ein feuchtes Tuch könnte den Teig sogar wieder klebrig machen.

6. Blätterteig sollte nur trocken abgedeckt werden.
   Feuchtigkeit kann die Schichtung (Tourierung) des Blätterteigs beeinträchtigen, was zu negativen Auswirkungen auf das Endergebnis führen kann.

UNTERSCHIEDE DER MEHLE VON DR. SCHÄR IN BACKEIGENSCHAFTEN UND VERWENDUNG

Es gibt fünf verschiedene Mehle von Dr. Schär, die für unterschiedliche Back- und Kochanwendungen verwendet werden können. Oft kommt die Frage auf, ob man ein Mehl durch ein anderes ersetzen kann. Hier erkläre ich, warum ich die Mehle differenziere und warum sie nicht einfach austauschbar sind.

1. MIX B BROT-MIX / MIX BROT

Dieser Mix ist für mich der eigentliche Universal-Mix und zeichnet sich durch ein hervorragendes Gashaltevermögen aus. Das bedeutet, der Teig kann die Gase und Luft, die bei der Teigruhe und Gare entstehen, selbstständig halten. Mit diesem Mix kann man alle möglichen Teige herstellen, wie Brot, Brötchen, Hefeteig, Pizza und Frittiertes. Er erzeugt die typische und wichtige Konsistenz, die man für Brot- oder Hefeteig benötigt, und in Kombination mit Öl sorgt er für eine tolle Dehnfähigkeit während der Gare und beim Backen.

2. MIX C KUCHEN & KEKSE / MIX KUCHEN & KEKSE

Dieser Mix eignet sich hervorragend für Sandmassen, Biskuitmassen und Kekse. Er besitzt jedoch nur ein minimales Gashaltevermögen und benötigt daher Butter, Eier oder ähnliche Zutaten, um Volumen zu erzeugen. Durch die typischen Inhaltsstoffe verleiht er dem Gebäck eine softe und fluffige Konsistenz, ohne dass es (bei richtiger Dosierung) trocken wird.

3. MEHL FARINE

Dieses Mehl hat eine noch differenziertere Zusammensetzung, was es in meinen Augen ideal für alle Arten von Kochanwendungen macht. Man kann damit auch Brot backen, allerdings ist es ohne Backform schwer zu handhaben, da das Mehl nicht die Stabilität wie Mix Brot bietet. Es quillt nach und verleiht dem Teig eine gewisse Festigkeit, jedoch ohne Dehnfähigkeit. Dieses Mehl harmoniert besonders gut mit Kartoffelteigen jeder Art, eignet sich aber auch hervorragend zum Binden von Soßen und für vieles andere beim Kochen. Auch für Pfannkuchen, Pancakes und ähnliche Speisen ist es super.

4. MIX IT DUNKEL/RUSTICO

Dieses Mehl ist die dunkle Variante der Brot-Mehle und hat ähnliche Eigenschaften wie Mix Brot, benötigt jedoch aufgrund des Leinsaat-Anteils mehr Wasser und ist dadurch anfangs etwas klebriger. Es eignet sich gut für Brot, Brötchen und andere dunkle Teige und kann auch für Pizza oder Pizza-Fladen verwendet werden.

5. MIX IT UNIVERSAL (NEUE VARIANTE/REZEPTUR AB APRIL 2021)

Seit der Anpassung der Rezeptur ist Mix It nicht mehr maisfrei, aber es erzeugt stabilere Teige, die nicht mehr zwingend in einer Form gebacken werden müssen. Außerdem sind keine zusätzlichen Bindemittel mehr erforderlich. Nach einigen Tests kann ich bestätigen, dass es sehr vielseitig einsetzbar ist – für Teige, Massen und auch zum Kochen. Allerdings ist ein 1:1-Austausch nicht bei jedem Rezept möglich.

Ich hoffe, es hilft euch zu verstehen, warum ich welches Mehl genommen habe und warum man sie nicht gegen andere austauschen sollte. Denn alle Rezepte sind auf das jeweilig verwendete Mehl abgestimmt.

FRAGEN ZU SAUERTEIG, VORTEIG, GARE, VOLUMENENTWICKLUNG, HEFEWASSER UND KERNTEMPERATUR

FOLGENDE FRAGEN WERDEN MIR IMMER WIEDER GESTELLT:

FRAGE: SAUERTEIG

Wenn ich 30 g Sauerteig weggebe, beginne ich dann wieder alle sechs Tage mit der Fütterung? Oder kann man diesen Prozess abkürzen?
Die ersten Schritte bis zum Anstellgut brauchst du dann nicht mehr durchlaufen, nur die letzten drei Stufen, denn das ist die eigentliche Sauerteigherstellung. Die 30 g, die du vom Sauerteig weggibts, werden dann zum Anstellgut.

Kann man Sauerteig auch bei dunklen Brotrezepten oder festeren, helleren Teigen dazugeben?
Sauerteig kann zu jedem Teig hinzugegeben werden, nur bei süßem Hefeteig würde ich davon abraten, wegen der Säure.

Was bewirkt Sauerteig bzw. Lievito Madre im Teig?
Sauerteig liefert Hefen, Geschmack durch Essigsäure und Stabilität, die durch die Milchsäure mit der Stärke erzeugt wird. Da Lievito Madre nichts anderes als eine Weizensauerteigart ist, gilt das Gleiche. Nur um es klarzustellen: Bei glutenfreien Teigen ist Lievito Madre auch nur ein Sauerteig und hat keine speziellen Aromen oder Wirkungen, wie es bei glutenhaltigen Teigen oft behauptet wird.

Was passiert im Teig, wenn man zu viel Sauerteig hinzufügt?
Er wird zu sauer, geschmacklich sehr einseitig und kann auch bitter wirken. Außerdem kann zu viel Sauerteig die Backeigenschaften der anderen Zutaten negativ beeinflussen, insbesondere bei Bindemitteln in glutenfreien Teigen. Daher sollte maximal 50 % des Mehls versäuert werden.

FRAGE: GEHZEIT

Wie verhält sich die Gehzeit, wenn es in der Wohnung so warm ist? Könnte man da etwas von der Hefe weglassen?
26 °C ist nicht zu warm, ab 30 °C würde ich anpassen, aber nicht darunter.

FRAGE: HEFEWASSER

Ich habe aktives Hefewasser. Ist es sinnvoll, Hefewasser anstelle von normalem Wasser zu verwenden? Wenn ja, wie wirkt sich das auf die Hefereduktion aus?
Ich arbeite nicht mit Hefewasser, aber soweit ich gelesen habe, ersetzt man das gesamte Wasser durch Hefewasser und lässt die Hefe ganz weg. Da ich keine Rezepte mit Hefewasser habe, kann ich keine Unterstützung bei der Anwendung bieten. Mikrobiologisch gesehen finde ich es fragwürdig, da man leicht unerwünschte Bakterien züchten kann und wenig Kontrolle darüber hat. Wenn man zum Beispiel Datteln oder Rosinen als Starter verwendet, weiß man nie genau, was sich noch auf den getrockneten Früchten befindet.

FRAGE: VORTEIG

Da steht Variante 1, 2, … egal welches Rezept. Verstehe ich das richtig, dass ich auch Toastbrot mit 2 g Hefe machen könnte?
Ja, die Hefe, die im Rezept angegeben ist, wird in den Vorteig gegeben. Sie kann sich dann entweder über Nacht im Kühlschrank oder für eine Stunde bei Raumtemperatur vermehren, sodass nicht mehr Hefe benötigt wird als die, die im Vorteig ist.

FRAGE: KALT

Heißt das Wasser aus dem Kühlschrank oder Leitungskalt?
Leitungskalt.

FRAGE: ENDHÖHE VOM BROT

Wie erkenne ich den optimalen Zustand der Garzeit, wenn ich unterschiedliche Raumtemperaturen bzw. Luftfeuchtigkeit habe?
Wie hoch sollte mein Brot oder Gebäck aufgegangen sein und welche Rolle spielt die Ofentemperatur?
Die Höhe des Gebäcks hängt nicht nur von der Gare ab, sondern auch von der Knetung, der Teigruhe, der Bearbeitung von Hand, der Wassertemperatur usw. Die Ofentemperatur beeinflusst die Kruste und die Krume. Durch eine hohe Anfangstemperatur und anschließendes Absenken auf die normale Einstellung laut Rezept kann man eine dicke und kräftig aromatische Kruste erzeugen. Je nach Gebäck sollte die Temperatur angepasst werden.

FRAGE: KERNTEMPERATUR

Wie hoch sollte die Kerntemperatur beim Backen sein?
Im Normalfall ist ein Gebäck bei 98 °C durchgebacken. Bei Stollen ist dies eine gängige Methode, um die Backzeit zu kontrollieren. Bei Brot ist es nicht unbedingt erforderlich.

Wie warm darf der Teig beim Kneten werden?
Die Teigerwärmung beim Kneten hängt von den Rohstofftemperaturen und dem Energieeintrag der Maschine ab. Jede Maschine hat eine andere Knetgeometrie (mal rund mal flach an der Spitze usw.), daher ist es schwer, eine allgemeine Aussage zu treffen. Es gibt eine Formel, um die Schütttemperatur für einen Teig zu berechnen, aber das funktioniert nur bei fester Teigtemperatur und wenn die Temperaturerhöhung pro Minute Knetzeit durch die Maschine erzeugt wird. Bei meinen Rezepten ist mir nur wichtig, dass die Teigtemperatur nicht über 30 °C steigt. Das reicht aus, damit sie funktionieren. Da die Knetzeit je nach Maschine kurz ist und die Teige anfangs sehr weich sind, ist keine große Erwärmung zu erwarten. Zu langes Kneten kann im Gegensatz zu glutenhaltigen Teigen die Stabilität des Teiges zerstören.

WIE STELLE ICH EINEN VORTEIG HER?

EINE ANLEITUNG, MIT DER HEFE GESPART WIRD

Diese Anleitung gilt für jedes Rezept, das mit Hefe hergestellt wird. Wichtig ist, dass die gesamte Hefe in den Vorteig kommt und später keine zusätzliche Hefe mehr zum Teig gegeben wird. Wenn ihr die Zeit habt, empfiehlt sich Variante 1.

→ *Hinweis: Teig, der mit einem lang geführten Vorteig (über Nacht) hergestellt wird, ist fester als Teig ohne Vorteig oder mit einem kurzen Vorteig. Wenn der Teig bei Variante 1 fester ist als gewöhnlich, setzt die Teigruhe auf 60 Minuten und auch die Gare auf mindestens 60 Minuten. Teige, die in Kastenformen gebacken werden, sollten vor dem Backen wenigstens ¾ der Formhöhe erreicht haben.*

VARIANTE 1

1. Einen Tag vorher mischst ihr die Hälfte des verwendeten Mehls mit der gesamten Menge an Flüssigkeit, aber KALT. Fügt, unabhängig vom Rezept, nur 2 g Frischhefe oder 1 g Trockenhefe hinzu.
2. Knetet die Mischung gut durch, damit Luft in die Masse kommt. Kratzt dann den Rand ordentlich zusammen und stellt die Mischung gut abgedeckt in den Kühlschrank.
3. Holt den Vorteig am nächsten Tag mindestens eine Stunde vor der weiteren Verarbeitung aus dem Kühlschrank und füge dann die restlichen Zutaten hinzu. Beachtet, dass bereits die Hälfte des Mehls und die gesamte Flüssigkeit im Teig sind.

VARIANTE 2

1. Eine Stunde bevor ihr den Teig macht, mischt ihr die Hälfte des verwendeten Mehls mit der gesamten Menge an Flüssigkeit, aber WARM (nicht mehr als 30 °C). Fügt, unabhängig vom Rezept, nur 2 g Frischhefe oder 1 g Trockenhefe hinzu.
2. Knetet die Mischung gut durch, damit Luft in die Masse kommt. Kratzt dann den Rand ordentlich zusammen und lasst die Mischung gut abgedeckt in der Küche stehen.
3. Nach mindestens einer Stunde stellt ihr den Teig mit den restlichen Zutaten fertig. Beachtet, dass bereits die Hälfte des Mehls und die gesamte Flüssigkeit im Teig sind.

ANLEITUNG FÜR QUELLSTÜCK ODER BRÜHSTÜCK

Diese Anleitung ermöglicht es euch, ein Quell- oder ein Brühstück herzustellen, um euren Broten Körner hinzuzufügen, die den Ballaststoffgehalt stark erhöhen.

QUELLSTÜCK

Ein Quellstück bedeutet, die Körner für 30 Minuten in heißem Wasser quellen zu lassen.

Für ein einfaches Brot (außer Toastbrot)

- Max. 80 g Körner (z. B. Quinoa, Leinsaat, Sonnenblumenkerne, Kürbiskerne, Sesam)
- Max. 80 g heißes oder kochendes Wasser aus dem Wasserkocher

Anleitung

Übergießt die Körner mit dem heißen/kochenden Wasser und vermischt sie gut. Lasst die Mischung 30 Minuten quellen. Diese zähe bis feste Masse (je nach verwendeten Körnern) gebt ihr eine Minute vor Ende der Knetzeit zum Teig hinzu.

BRÜHSTÜCK

Ein Brühstück bedeutet, dass die Körner in kochendes Wasser gegeben und einmal aufgekocht werden. Anschließend lässt man sie über Nacht gut verpackt stehen, damit sie quellen können. Diese Methode macht die Körner bekömmlicher.

Für ein einfaches Brot (außer Toastbrot):

- Max. 80 g Körner (z. B. Quinoa, Leinsaat, Sonnenblumenkerne, Kürbiskerne, Sesam)
- Max. 100 g Wasser
- Salz aus dem jeweiligen Rezept

Anleitung

Bringt das Wasser zusammen mit dem Salz zum Kochen. Gebt die Körner hinzu und lasst sie einmal aufkochen. Deckt das Brühstück luftdicht ab und lasst es über Nacht in der Küche quellen. Diese dann feste Mischung (je nach verwendeten Körnern) gebt ihr eine Minute vor Ende der Knetzeit zum Teig hinzu.

→ *Tipp: Die Körner können auch grob geschrotet werden. In diesem Fall müsst ihr jeweils 10 g mehr Wasser hinzufügen, damit diese mehr Wasser aufnehmen. Diese Variante vergrößert die Oberfläche der Körner und fördert eine noch bessere Verdauung.*

RICHTIGES KNETEN BEI TEIGEN MIT UNTERSCHIEDLICHEN MASCHINEN

→ *Achtung: Diese Anleitung gilt nicht für Massen und Mürbeteig. Es gibt viele verschiedene Maschinenmodelle, insbesondere bei der Bosch MUM ist Vorsicht geboten.*

KENWOOD (AUßER K-MIX UND PROSPERO SERIE)

1. Knethaken einsetzen.
2. Kneten wie im Rezept angegeben.
3. Mittlere Geschwindigkeit bedeutet, das Stellrad auf die Position zwischen niedrigster und höchster Einstellung zu drehen.
4. Während des Knetens dabei stehen bleiben und den Rand immer wieder runterkratzen. Nach etwa der Hälfte der Knetzeit sollte dies nicht mehr notwendig sein.

BOSCH MUM UND KENWOOD PROSPERO SERIE

1. Knethaken einsetzen.
2. Kurz auf niedrigster Stufe mischen.
3. Dann auf maximal Stufe 2 weiterkneten, bis der Teig homogen ist und leicht klebt. Dies dauert in der Regel 2 bis 2,5 Minuten.

KITCHENAID, KENWOOD K-MIX SERIE UND ÄHNLICHE MASCHINEN

1. Knethaken einsetzen.
2. Kurz auf niedrigster Stufe mischen.
3. Dann auf maximal Stufe 2 kneten, bis der Teig homogen ist und leicht klebt. Dies dauert in der Regel 2 bis 3 Minuten.

HANDMIXER

1. Knethaken einsetzen.
2. Kurz auf niedrigster Stufe mischen.
3. Dann auf maximal Stufe 2 kneten, bis der Teig homogen ist und leicht klebt.

→ *Hinweis: Falls Eure Maschine nicht aufgeführt ist, orientiert Euch an einer ähnlichen Maschine und folgt der entsprechenden Anleitung.*

THERMOMIX

Hefeteig und Thermomix

1. Hefe, Wasser (oder Milch), Salz (oder Zucker) und Öl (oder Butter) in den Thermomix geben.
2. 2 Minuten bei 37 °C und Stufe 1 (bei gefrorener Hefe 3 Minuten) einstellen.
3. Mehl und ggf. Gewürze hinzufügen.
4. Bei 500 g Mehl im Rezept den Teig ca. 2,5 – 3 Minuten auf der Teigknetstufe kneten lassen. Bei der Hälfte des Mehls entsprechend die Knetzeit halbieren. Der Thermomix bringt viel Power in den Teig, daher ist diese Zeit ausreichend. Behaltet den Thermomix im Auge, da er bei schweren Teigen manchmal etwas »hüpfen« kann.

Für die Teigruhe gibt es zwei Varianten:

1. Ihr lasst den Teig direkt im Kessel des Thermomix gehen und deckt ihn mit einem feuchten Geschirrtuch ab. Der Kessel hat durch das vorherige Auflösen der Hefe bei 37°C die ideale Temperatur.
2. Ihr füllt den Teig in eine leicht geölte Plastikschüssel um und deckt ihn mit einem feuchten Tuch ab. Legt den Deckel lose auf das Tuch, falls vorhanden. Diese Methode hat den Vorteil, dass Ihr den Teig in einem Rutsch ohne Volumenverlust aus der Schüssel entnehmen kannst (ich bevorzuge diese Methode).

Den Teig auf eine hauchdünn bemehlte Arbeitsfläche geben und nach Rezept weiterverarbeiten. Tipp für Pizzateige von Jamie Oliver: Der Teig ist relativ weich, daher empfiehlt es sich, ihn hauchdünn zu bemehlen und direkt auf dem Back- oder Pizzablech auszurollen. Dafür gibt es im Handel spezielle kleine Teigroller.

WEITER »

Toastbrot und Thermomix

1. Alle Zutaten, außer Mehl und Hefe, in den Thermomix geben und 2 Minuten bei 37 °C auf Stufe 1 erwärmen.
2. Dann das Mehl einwiegen und die Hefe auf das Mehl geben.
3. Den Teig 1,5 Minuten auf der Teigknetstufe kneten lassen.
4. Anschließend wie im Rezept beschrieben weiter verfahren.
5. Den Teig in der Form mit geschlossenem Deckel so lange gehen lassen, bis die Form zu ¾ gefüllt ist. (Ich gebe hier bewusst keine genaue Zeit an, da im Rezept 40 Minuten angegeben sind, es bei mir jedoch schon nach 25 Minuten so weit war.)
6. Das Toastbrot dann wie im Rezept beschrieben backen.

LANGE TEIGFÜHRUNG ÜBER DEN KÜHLSCHRANK

Diese Methode ist ideal, um Teige mit Hefe langsam reifen zu lassen und so ein intensiveres Aroma zu entwickeln.

1. Verwendet kalte Flüssigkeit, um die Hefe von Beginn an zu verlangsamen.
2. Verwendet nur die Hälfte der Hefe, da sie sich im Kühlschrank langsam weiter vermehrt.
3. Nach dem Kneten den Teig direkt gut und luftdicht verpacken und kaltstellen, damit er im Kühlschrank nicht austrocknet.
4. Am nächsten Morgen den Teig aus dem Kühlschrank nehmen und 45 Minuten in der Küche auf Raumtemperatur kommen lassen.
5. Den Teig dann mit möglichst wenig Mehl zusammenkneten und anschließend die Gebäcke formen. Sollte der Teig eher brechen als sich formen lassen, ist er noch zu kalt.
6. Die Gebäcke mindestens 45 Minuten lang garen (gehen) lassen.
7. Backt die Gebäcke wie im Rezept beschrieben.

→ *Hinweis: Diese Methode gilt nur für Teige mit Hefe.*

WIE BACKE ICH TIEFKÜHL-BRÖTCHEN?

Hier ist eine einfache Anleitung, damit ihr morgens frische, lockere und knusprige Brötchen direkt aus dem Tiefkühler backen könnt – ohne großen Aufwand. Diese Methode ist für alle Brötchensorten geeignet, allerdings nicht für Hefeteige.

VORBEREITUNG

1. Den Teig nach Rezept herstellen, jedoch mit folgenden Anpassungen:
   Verwendet sehr kaltes Wasser.
   Reduziert die Hefemenge auf die Hälfte.
2. Nach der Teigruhe die Brötchen formen.
3. Die Brötchen 20 Minuten garen (gehen) lassen.
4. Die Brötchen unverpackt in den Tiefkühler legen, am besten, wenn ihr habt, in den Schnellgefrier-Bereich.
5. Nach etwa 40 bis 45 Minuten die Brötchen aus dem Gefrierfach nehmen und absolut luftdicht verpacken, bevor sie wieder eingefroren werden.

VARIANTE 1: WENN IHR EINEN TAG VORHER WISST, DASS IHR DIE BRÖTCHEN BRAUCHT

1. Am Vorabend die Brötchen aus dem Gefrierfach nehmen und auf einen Teller mit Backpapier legen. Genügend Abstand lassen, da sie beim Auftauen größer werden können. Locker, aber dicht in Frischhaltefolie verpacken, damit die Brötchen nicht austrocknen.
2. Den Teller nicht bemehlen, um ein Austrocknen der Unterseite zu verhindern.
3. Die Brötchen mindestens 10 Stunden im Kühlschrank auftauen lassen.
4. Am Morgen die Brötchen vorsichtig auf ein Backblech mit Backpapier legen, ohne sie zu stark zu drücken.
5. Nach Wunsch mit Saaten dekorieren.
6. Die Brötchen mit einem Küchentuch abdecken und für 45 Minuten zur Gare beiseitestellen.
7. Anschließend wie im Rezept angegeben backen und frisch genießen.

VARIANTE 2: WENN IHR NICHT VORPLANEN KÖNNT

1. Die Brötchen direkt aus dem Gefrierschrank auf ein Backblech mit Backpapier legen.
2. Mit einem Küchentuch abdecken und 1,5 Stunden auftauen lassen.
3. Die Brötchen werden nun sehr feucht sein und können mit Saaten dekoriert werden.
4. Nochmals 1,5 Stunden gehen lassen, dabei sollte die Temperatur mindestens 24 °C betragen.
5. Den Ofen vorheizen und die Brötchen wie im Rezept angegeben backen, danach genießen.

OLIVERS UNIVERSELLE REZEPTUREN

VERSCHIEDENE UNIVERSELLE SAUERTEIGREZEPTUREN

HERSTELLUNG EINES ANSTELLGUTS FÜR ALLE SAUERTEIG-VARIANTEN

TAG 1

20 g Wasser (26 °C) mit 20 g Reismehl oder Buchweizenmehl und einer Prise Zucker in einem sauberen, verschließbaren Gefäß vermischen. Das Gefäß ohne Deckel stehen lassen.

TAG 2

20 g Wasser (28 °C) und 20 g Reismehl oder Buchweizenmehl zur Mischung vom Vortag geben, gut von Hand vermischen und das Gefäß verschlossen stehen lassen.

TAG 3

20 g Wasser (28 °C) und 20 g Reismehl oder Buchweizenmehl zur Mischung vom Vortag geben, gut von Hand vermischen und das Gefäß verschlossen stehen lassen. Ab jetzt sollte die Mischung leicht säuerlich bzw. hefig riechen.

TAG 4

20 g Wasser (26 °C) und 20 g Reismehl oder Buchweizenmehl zur Mischung vom Vortag geben, gut von Hand vermischen und das Gefäß verschlossen stehen lassen.

TAG 5

20 g Wasser (26 °C) und 20 g Reismehl oder Buchweizenmehl zur Mischung vom Vortag geben, gut von Hand vermischen und das Gefäß verschlossen stehen lassen.

TAG 6

20 g Wasser (26 °C) und 20 g Reismehl oder Buchweizenmehl zur Mischung vom Vortag geben, gut von Hand vermischen und das Gefäß verschlossen stehen lassen.

TAG 7

Das Anstellgut ist nun bereit zur Verwendung. Es sollte einen intensiven, säuerlich-hefigen Geruch haben.

Am siebten Tag beträgt die Gesamtmenge des Anstellguts 240 g. Da für den Sauerteig nur 30 g benötigt werden, den Rest mit dem verwendeten Mehl fest machen und in 50 g Stücke wiegen. Diese Stücke nach Wunsch formen, einzeln in Frischhaltefolie einpacken und einfrieren. Bei Bedarf ein Stück einen Tag vorher aus dem Gefrierschrank nehmen und über Nacht in der Küche auftauen lassen. Es ist jedoch immer besser, etwas von bereits angesetztem Sauerteig zu verwenden, anstatt neues Anstellgut herzustellen. Daher empfehle ich, den Rest des Anstellguts zu entsorgen.

HINWEISE ZUR VERWENDUNG DER SAUERTEIGE

1. Die gesamte Wassermenge, die ihr für den Sauerteig verwendet, muss von der im Brotrezept angegebenen Gesamtwassermenge abgezogen werden.
2. Die gesamte Mehlmenge, die ihr für den Sauerteig verwendet, muss ebenfalls von der im Brotrezept angegebenen Gesamtmehlmenge abgezogen werden.
3. Es muss keine zusätzliche Hefe verwendet werden, aber die Gare verlängert sich dann bei jedem Brot auf bis zu 3 Stunden.

UNIVERSELLE GLUTENFREIE 1-STUFEN-SAUERTEIG-REZEPTUR

Ergibt ca. 330 g Sauerteig und ca. 30 g als neues Anstellgut

→ *Wichtiger Hinweis: Bitte nur mit absolut sauberen Händen, Geräten und Gefäßen arbeiten! Den Sauerteig in einem genügend großen, absolut sauberen Einmachglas oder Glas mit Schraubverschluss anrühren.*

HERSTELLUNG DES SAUERTEIGS

Je nach verwendetem Rezept das passende Mehl auswählen:
Für helle Teige empfiehlt sich Reismehl, für rustikale oder dunkle Teige Buchweizenmehl. Alternativ können Amaranth- oder Quinoamehl verwendet werden.

→ *Hinweis: Die Herstellung des Sauerteigs erfolgt in 1 Stufe. Dabei sind die jeweiligen Anweisungen WICHTIG und MÜSSEN unbedingt eingehalten werden, um ein optimales Ergebnis zu erzielen.*

ANLEITUNG

1. Stufe
30 g Anstellgut mit 150 g Wasser (30 °C) und 185 g Buchweizen- oder Reismehl (je nach Anstellgut) gut vermischen und 18–24 Stunden verschlossen stehen lassen. Die Raumtemperatur sollte dabei konstant über 24 °C liegen.

Dies ergibt in Summe 360 g Sauerteig. Wichtig ist, dass immer 30 g des Sauerteigs für den nächsten Ansatz weggenommen werden. Damit kann der nächste Sauerteig angesetzt werden, ohne erneut Anstellgut herstellen zu müssen. Voraussetzung hierfür ist, dass alle Arbeitsmaterialien und Hände bei der Herstellung absolut sauber sind, um eine Kontamination mit falschen Bakterien zu vermeiden.

AUFBEWAHRUNG DES ANSTELLGUTS

Die 30 g Sauerteig für den nächsten Ansatz mit Mehl nach Wahl zu einem festen, recht trockenen Klumpen formen. Diesen Klumpen in Frischhaltefolie einwickeln und im Kühlschrank lagern. Er hält sich dort einige Wochen. Bei einer Lagerung über drei Wochen hinaus den Klumpen einfrieren. Vor der nächsten Nutzung den Anstellgut-Klumpen abwiegen und mit ¾ des Gewichtes in Wasser aufmischen.

UNIVERSELLE GLUTENFREIE 2-STUFEN-SAUERTEIG-REZEPTUR

Ergibt ca. 300 g Sauerteig und ca. 30 g als neues Anstellgut

→ *Wichtiger Hinweis: Bitte nur mit absolut sauberen Händen, Geräten und Gefäßen arbeiten! Den Sauerteig in einem genügend großen, absolut sauberen Einmachglas oder Glas mit Schraubverschluss anrühren.*

HERSTELLUNG DES SAUERTEIGS

Je nach verwendetem Rezept das passende Mehl auswählen:
Für helle Teige empfiehlt sich Reismehl, für rustikale oder dunkle Teige Buchweizenmehl. Alternativ können Amaranth- oder Quinoamehl verwendet werden.

→ *Hinweis: Die Herstellung des Sauerteigs erfolgt in 2 Stufen. Dabei sind die jeweiligen Anweisungen WICHTIG und MÜSSEN unbedingt eingehalten werden, um ein optimales Ergebnis zu erzielen.*

ANLEITUNG

1. Stufe
30 g Anstellgut mit 30 g Wasser (25 °C) und 60 g Buchweizen- oder Reismehl (je nach Anstellgut) gut vermischen und 16 Stunden verschlossen stehen lassen.

2. Stufe
Zur Mischung aus Stufe 1 noch 120 g Buchweizen- oder Reismehl und 120 g Wasser (27 °C) geben. Gut vermischen und 3,5 Stunden verschlossen stehen lassen.

Dies ergibt in Summe 360 g Sauerteig. Wichtig ist, dass immer 30 g des Sauerteigs für den nächsten Ansatz weggenommen werden. Damit kann der nächste Sauerteig angesetzt werden, ohne erneut Anstellgut herstellen zu müssen. Voraussetzung hierfür ist, dass alle Arbeitsmaterialien und Hände bei der Herstellung absolut sauber sind, um eine Kontamination mit falschen Bakterien zu vermeiden.

AUFBEWAHRUNG DES ANSTELLGUTS

Die 30 g Sauerteig für den nächsten Ansatz mit Mehl nach Wahl zu einem festen, trockenen Klumpen formen, in Frischhaltefolie einwickeln und im Kühlschrank lagern. Der Klumpen hält sich einige Wochen, bei längerer Lagerung einfrieren. Vor der nächsten Nutzung den Anstellgut-Klumpen abwiegen und mit ¾ des Gewichtes in Wasser aufmischen.

UNIVERSELLE GLUTENFREIE 3-STUFEN-SAUERTEIG-REZEPTUR

Ergibt 308 g Sauerteig und 30 g als Anstellgut

→ *Wichtiger Hinweis: Bitte mit absolut sauberen Händen, Geräten und Gefäßen arbeiten!*

HERSTELLUNG DES SAUERTEIGS

Je nach verwendetem Rezept das passende Mehl auswählen:
Für helle Teige empfiehlt sich Reismehl, für rustikale oder dunkle Teige Buchweizenmehl. Alternativ können Amaranth- oder Quinoamehl verwendet werden.

→ *Hinweis: Die Herstellung des Sauerteigs erfolgt in 3 Stufen. Dabei sind die jeweiligen Anweisungen WICHTIG und MÜSSEN unbedingt eingehalten werden, um ein optimales Ergebnis zu erzielen.*

ANLEITUNG

1. Stufe
30 g Anstellgut mit 60 g Wasser (26 °C) und 60 g Buchweizen- oder Reismehl (je nach Anstellgut) gut vermischen und 5 Stunden verschlossen stehen lassen.

2. Stufe
Zur Mischung aus Stufe 1 noch 50 g Buchweizen- oder Reismehl und 30 g Wasser (28 °C) geben. Gut vermischen und 7 Stunden verschlossen stehen lassen.

3. Stufe
Zur Mischung aus Stufe 2 noch 60 g Buchweizen- oder Reismehl und 48 g Wasser (29 °C) geben. Gut vermischen und 8 Stunden verschlossen stehen lassen.

Dies ergibt in Summe 338 g Sauerteig. Wichtig ist, dass immer 30 g des Sauerteigs für den nächsten Ansatz weggenommen werden. Damit kann der nächste Sauerteig angesetzt werden, ohne erneut Anstellgut herstellen zu müssen. Voraussetzung hierfür ist, dass alle Arbeitsmaterialien und Hände bei der Herstellung absolut sauber sind, um eine Kontamination mit falschen Bakterien zu vermeiden.

WEITER »

AUFBEWAHRUNG DES ANSTELLGUTS

Die 30 g Sauerteig für den nächsten Ansatz mit Mehl nach Wahl zu einem festen, trockenen Klumpen formen, in Frischhaltefolie einwickeln und im Kühlschrank lagern. Der Klumpen hält sich einige Wochen, bei längerer Lagerung einfrieren. Vor der nächsten Nutzung den Anstellgut-Klumpen abwiegen und mit ¾ des Gewichtes in Wasser aufmischen.

→ *Hinweis: Diese Methode der Sauerteigführung, auch als 3-Stufen-Führung bekannt, ergibt ein besonders aromatisches Ergebnis mit einer ausgewogenen Säure, auch wenn der Prozess etwas länger dauert.*

UNIVERSELLE SALZ-SAUERTEIG-REZEPTUR

Ergibt ca. 348 g Sauerteig und ca. 30 g als neues Anstellgut

→ *Wichtiger Hinweis: Bitte nur mit absolut sauberen Händen, Geräten und Gefäßen arbeiten! Den Sauerteig in einem genügend großen, absolut sauberen Einmachglas oder Glas mit Schraubverschluss anrühren. Bei dieser Methode sollte der Deckel oder der Schraubverschluss nur locker aufliegen.*

HERSTELLUNG DES SAUERTEIGS

Die Herstellung erfolgt 48 Stunden vor der Teigzubereitung.

→ *Hinweis: Die Herstellung des Sauerteigs erfolgt in 1 Stufe. Dabei sind die jeweiligen Anweisungen WICHTIG und MÜSSEN unbedingt eingehalten werden, um ein optimales Ergebnis zu erzielen.*

ANLEITUNG

1. Stufe

30 g Anstellgut mit 150 g Wasser (38 °C), 185 g Buchweizen- oder Reismehl und 18,5 g Salz gut vermischen und 48 Stunden verschlossen stehen lassen.

Die Lagertemperatur muss

- In den ersten 24 Stunden: 30–35 °C
- In den nächsten 24 Stunden: 20–25 °C
- Nach 48 Stunden: 15–20 °C betragen.

Am besten zunächst an einem warmen Ort lagern, dann in der Küche bei Zimmertemperatur, und nach den 48 Stunden entweder direkt verwenden oder bei 15–20 °C maximal 16 Stunden lagern.

Dies ergibt in Summe 378 g Sauerteig. Wichtig ist, dass immer 30 g des Sauerteigs für den nächsten Ansatz weggenommen werden. Damit kann der nächste Sauerteig angesetzt werden, ohne erneut Anstellgut herstellen zu müssen. Voraussetzung hierfür ist, dass alle Arbeitsmaterialien und Hände bei der Herstellung absolut sauber sind, um eine Kontamination mit falschen Bakterien zu vermeiden.

AUFBEWAHRUNG DES ANSTELLGUTS

Die 30 g Sauerteig für den nächsten Ansatz mit Mehl nach Wahl zu einem festen, trockenen Klumpen formen, in Frischhaltefolie einwickeln und im Kühlschrank lagern. Der Klumpen hält sich einige Wochen, bei längerer Lagerung einfrieren. Vor der nächsten Nutzung den Anstellgut-Klumpen abwiegen und mit ¾ des Gewichtes in Wasser aufmischen.

OLIVERS UNIVERSELLE VOLLKORNMISCHUNG

ZUTATEN

25 g Bambusfaser
100 g kühles Wasser

HERSTELLUNG

Die Bambusfaser in eine nicht zu große Schüssel einwiegen und das abgewogene Wasser hinzufügen. Mit einem Teelöffel gut verrühren und die Mischung 20 Minuten ruhen lassen. Nach der Ruhezeit kann diese Mischung jedem Brotrezept zugegeben werden. Dadurch erhält man ein Vollkornbrot mit vielen Ballaststoffen, ohne die Broteigenschaften zu verändern.

ALTERNATIVE VARIANTE

50 g glutenfreie Haferkleie, am besten mit Keim
60 g kochendes Wasser

→ *Hinweise:*

- Bambusfaser ist sicher und günstig auch im Internethandel erhältlich.
- Glutenfreie Haferkleie gibt es oft in Reformhäusern oder alternativ in Onlineshops.

Bambusfaser und 100 g Wasser

Bambusfaser und Wasser vermischt

OLIVERS UNIVERSELLE ANLEITUNG FÜR DAS BACKEN IN EINEM GUSSEISERNEN TOPF

Diese Anleitung gilt für alle Brotrezepte und ersetzt die im Rezept angegebenen Backanleitungen.

ANLEITUNG

Den eingebrannten gusseisernen Topf bei 250 °C Umluft oder 260 °C Ober-/Unterhitze mit Deckel im Ofen vorheizen.

Sobald der Topf heiß ist und der Teigling das Ende seiner Gare erreicht hat, den Topf vorsichtig aus dem Ofen nehmen, den Deckel zur Seite legen und den Teigling in den heißen Topf geben.

Den Deckel wieder aufsetzen und den Topf zurück in den Ofen stellen.

Nach 20 Minuten die Temperatur auf 210 °C Umluft oder 200 °C Ober-/Unterhitze reduzieren und das Brot weitere 30 Minuten backen.

Anschließend den Deckel entfernen und das Brot weitere 10 Minuten ohne Deckel zu Ende backen.

→ *Tipps:*

- *Sollte das Brot anfangen zu kleben, den Topf regelmäßig neu einbrennen, idealerweise alle fünf Backvorgänge.*
- *Nach dem Verwenden den Topf auskühlen lassen und nur mit einem Küchentuch trocken ausreiben.*

Aus allen Standard-Brotrezepten können auch Baguettes oder Brötchen hergestellt werden.

OLLIS STANDARD-BROTE

HELLES BROT

ZUTATEN

500 g Mix Brot
8 g Salz
450 g Wasser (30 °C)
40 g Öl
10 g Trockenhefe
oder 21 g Frischhefe

Videos zum Formen von Brot findet ihr auf meinem YouTube-Kanal

HERSTELLUNG

Zuerst Salz, Öl und Wasser in die Rührschüssel geben. Dann das Mehl einwiegen und die Hefe auf das Mehl wiegen. Frischhefe einfach zerbröseln, sie muss nicht in Flüssigkeit aufgelöst werden.

Die Zutaten zunächst 30 Sekunden bei langsamer Geschwindigkeit vermischen, dann 5 Minuten bei mittlerer Geschwindigkeit kneten. Dabei ist es wichtig, den Rand der Schüssel mit einem Teigschaber sauber zu kratzen, damit alle Zutaten in den Teig kommen.

Die Schüssel mit einem feuchten Tuch abdecken und den Teig 45 Minuten an einem warmen Ort (ca. 24–28 °C) ruhen lassen. Der Teig ist zunächst sehr weich, wird aber während der Ruhephase fester.

Nach der Teigruhe den Teig auf eine leicht bemehlte Arbeitsfläche geben und zu einer Kugel formen. Die Kugel flach drücken und je nach Wunsch ein rundes oder längliches Brot formen. Für ein bestaubtes Brot den Teig in Mehl wälzen oder für ein glattes Brot die Oberfläche mit einem kleinen Besen oder Pinsel abkehren.

Das geformte Brot auf ein Backblech mit Backpapier setzen und 30 Minuten garen lassen. Alternativ kann es in einem Gärkorb garen.

Den Ofen auf 210 °C Umluft oder 220 °C Ober-/Unterhitze vorheizen und ein leeres, feuerfestes Metallgefäß auf den Ofenboden stellen.

Nach Ende der Gare das glatte Brot sehr dünn mit Wasser abstreichen und nach Wunsch einschneiden. Das Messer dabei schräg im 45-Grad-Winkel halten und nicht tiefer als 5 mm einschneiden. Das Brot in den Ofen schieben, ein Glas Wasser in die aufgeheizte Form am Boden gießen und die Ofentür sofort schließen.

Die Backzeit beträgt ca. 50 Minuten, je nach gewünschter Bräune und Größe des Gebäcks.

WEITER »

HELLES BROT

FORTSETZUNG

VARIANTE MIT KÖRNERN UND SAATEN:

Wenn Körner oder Saaten in den Teig gegeben werden sollen, maximal 60 bis 70 g Körnermischung verwenden. Diese mit der gleichen Menge kochendem Wasser mischen und 30 Minuten quellen lassen. Danach die Körnermischung 1 Minute vor Ende der Knetzeit zusammen mit dem restlichen Wasser in den Teig geben und darauf achten, dass die Körner gleichmäßig verteilt sind. Werden die Körner ohne Einweichen in den Teig gegeben, ziehen sie beim Backen Wasser und der Teig geht nicht richtig auf. Die Körnermischung kann auch am Abend vorher vorbereitet und abgedeckt im Kühlschrank gelagert werden. Wichtig ist, dass die Mischung Raumtemperatur hat, bevor sie in den Teig kommt.

HINWEISE FÜR DIE TEIGHERSTELLUNG MIT MAXIMAL 12 STUNDEN TEIGRUHE:

- Soll der Teig mit einigen Stunden Vorlauf vorbereitet werden, z. B. über Nacht, dann den Teig mit kaltem Wasser anrühren und die Hefemenge halbieren.
- Den Teig gut einpacken und in den Kühlschrank legen. Vor der Weiterverarbeitung den Teig 30 bis 60 Minuten vorher aus dem Kühlschrank holen und erst nach dieser Zeit formen. Die anschließende Gare wird um 10 Minuten verlängert. Alles andere bleibt gleich.

RUSTIKALES VOLLKORNBROT MIT GLUTENFREIEN HAFERKEIMLINGEN

ZUTATEN BRÜHSTÜCK

80 g Haferkleie mit Keimling
80 g kochendes Wasser

ZUTATEN BROT

550 g Wasser (30 °C)
30 g Öl (z. B. Raps- oder Sonnenblumenöl)
10 g Salz
400 g Mix Brot
50 g glutenfreies Leinsaatmehl
50 g glutenfreies Buchweizenmehl
10 g Trockenhefe
oder 21 g Frischhefe
190 g Bambusfasermischung

HERSTELLUNG

Für das Brühstück die Haferkleie mit dem kochenden Wasser übergießen und verrühren. Das Brühstück 30 Minuten quellen lassen.

Anschließend Wasser, Öl, Brühstück, Bambusfasermischung und Salz in die Rührschüssel geben, gefolgt von den trockenen Zutaten und zuletzt der Hefe. Frischhefe einfach zerbröseln, sie muss nicht aufgelöst werden.

Den Teig zunächst etwa 20 Sekunden bei niedrigster Geschwindigkeit mischen und dann 5 Minuten bei mittlerer Stufe kneten lassen. Dabei darauf achten, dass der Rand der Schüssel mit einem Teigschaber sauber gekratzt wird, damit alle Zutaten in den Teig gelangen und keine trockenen Reste haften bleiben.

Nach dem Kneten die Schüssel mit einem feuchten Tuch abdecken und den Teig 45 Minuten an einem warmen Ort (ca. 24 – 28 °C) ruhen lassen. Der Teig ist nach dem Kneten sehr weich, zieht aber während dieser Ruhephase noch nach und wird fester. Falls ein Brot mit kompakterer Krume und feinerer Porung gewünscht wird, die Ruhephase einfach auf die Hälfte verkürzen.

Den Tisch vor dem Aufarbeiten des Teigs mit Reismehl oder Buchweizenmehl bestäuben.

Eine Brotbackform für 1 Kilogramm dünn mit Öl fetten. Bitte keine Butter verwenden, da sie anbrennt und das Brot in der Form festkleben könnte.

WEITER »

RUSTIKALES VOLLKORNBROT MIT GLUTENFREIEN HAFERKEIMLINGEN

FORTSETZUNG

KASTENFORM

Den Teig zu einer Kugel formen und für ein Kastenbrot lang wirken. Dazu die Teigkugel flach drücken, die linke und rechte Seite etwas einschlagen und vom oberen Rand her einrollen, um die gewünschte Form zu erreichen. Wenn gewünscht, die Oberseite in Mix Brot wälzen, damit das Brot später bemehlt-rustikal aussieht. Den Teig anschließend in die vorbereitete Form legen, etwas flach drücken und je nach Raumtemperatur ca. 25 bis 30 Minuten garen lassen.

Den Ofen währenddessen auf 210 °C Umluft oder 220 °C Ober-/Unterhitze vorheizen. Ein leeres Metallgefäß auf dem Ofenboden mit aufheizen.

OHNE KASTENFORM

Für ein freigeschobenes Brot den Teig, wie oben beschrieben, lang wirken und ebenfalls in Mix Brot rollen, um ein rustikales Aussehen zu erzielen. Den geformten Teig auf ein mit Backpapier ausgelegtes Blech legen und je nach Raumtemperatur ca. 25 bis 30 Minuten garen lassen. Vor dem Backen das Brot 3- bis 5-mal seitlich nicht zu tief einschneiden.

Nach der Gare das Brot mittig in den Ofen schieben und gleichzeitig ca. 100 ml Wasser in das vorgeheizte Metallgefäß gießen, um Wasserdampf zu erzeugen. Den Ofen sofort schließen und das Brot 60 Minuten backen.

Nach dem Backen das Brot sofort aus der Form nehmen und auf einem Gitter auskühlen lassen.

DUNKLES BROT

ZUTATEN

500 g Mix It rustiko/dunkel
50 g glutenfreies Buchweizenmehl
70 g glutenfreies Leinsamenmehl
10 g Salz
700 g Wasser (30 °C)
50 g Öl
10 g Trockenhefe
oder 21 g Frischhefe

HERSTELLUNG

Salz, Öl und Wasser in die Rührschüssel geben. Anschließend die Mehle einwiegen und zum Schluss die Hefe auf das Mehl geben; bei Verwendung von Frischhefe diese kleinbröseln.

Den Teig zunächst 30 Sekunden bei langsamer Geschwindigkeit vermischen und dann 5 Minuten bei mittlerer Geschwindigkeit kneten. Achtet anfangs darauf, den Rand der Schüssel sauber zu kratzen, damit alle Zutaten in den Teig eingearbeitet werden.

Nach dem Knetvorgang die Rührschüssel mit einem feuchten Tuch abdecken und den Teig 45 Minuten an einem warmen Ort (ca. 24–28 °C) ruhen lassen. Der Teig ist nach dem Kneten sehr weich, gewinnt aber während der Ruhephase an Festigkeit.

Nach der Teigruhe den Teig auf eine leicht bemehlte Arbeitsfläche geben und zu einer Kugel formen.

Für ein freigeschobenes Brot den Teig lang wirken. Falls gewünscht, kann das Brot mit Mix Brot bestäubt werden.

Den Teigling 30 Minuten auf einem mit Backpapier ausgelegten Backblech gehen lassen.

Den Ofen auf 210 °C Umluft bzw. 220 °C Ober-/Unterhitze vorheizen und eine leere, feuerfeste Metallschüssel auf den Boden des Ofens stellen.

Ist das Brot unbemehlt, vor dem Backen mit etwas Wasser abstreichen.

Nach der Gare die Oberfläche des Brotes schräg (ca. 45°) und nicht tiefer als 5 mm einschneiden.

Das Backblech in den vorgeheizten Ofen schieben, ca. 200 ml Wasser in die Schüssel auf dem Boden des Ofens gießen, um Dampf zu erzeugen, und den Ofen sofort schließen.

Das Brot 60 Minuten backen.

WEITER »

DUNKLES BROT

FORTSETZUNG

HINWEIS FÜR KÖRNER UND SAATEN

Wenn Körner oder Saaten hinzugefügt werden sollen, nicht mehr als 60–70g verwenden. Die Körnermischung mit der gleichen Menge kochendem Wasser mischen und 30 Minuten quellen lassen. Kurz vor Ende der Quellzeit den Teig herstellen und 1 Minute vor Ende der Knetzeit die gequollene Körnermischung mit dem restlichen Wasser in den Teig geben. Achtet darauf, dass die Körner gleichmäßig verteilt sind.

→ *Wichtig: Werden die Körner ohne Einweichen in den Teig gegeben, entziehen sie beim Backen Wasser, und der Teig geht nicht auf.*

Die Körnermischung kann auch am Vorabend vorbereitet und abgedeckt im Kühlschrank aufbewahrt werden. Vor der Zugabe zum Teig sollte sie Raumtemperatur haben.

OLLIS SAUERTEIGBROT DUNKEL

ZUTATEN

250 g Mix It rustiko/dunkel
500 g Buchweizen-Sauerteig
40 g Leinsaatmehl
12 g Salz
350 g Wasser
30 g Öl
308 g 3-Stufen-Sauerteig

Videos zum Formen von Brot findet ihr auf meinem YouTube-Kanal

→ *Hinweis: Sollten Saaten im Teig gewünscht sein, bitte das Rezept für Quell- oder Brühstück verwenden (Seite 27).*

HERSTELLUNG

Zuerst Salz, Öl und Wasser in den Kessel geben, dann den Sauerteig und das Mehl hinzufügen. Die Mischung 30 Sekunden bei langsamer Geschwindigkeit vermengen und anschließend 5 Minuten bei mittlerer Geschwindigkeit kneten. Es ist wichtig, den Rand des Kessels zu Beginn des Knetvorgangs mit einem Teigschaber sauber zu kratzen, damit alle Zutaten in den Teig eingearbeitet werden.

Nach dem Kneten den Kessel mit einem feuchten Tuch abdecken und den Teig 60 Minuten an einem warmen Ort ruhen lassen. Der Teig ist nach dem Kneten noch sehr weich, zieht aber während der Ruhephase nach.

Den Ofen auf 210 °C vorheizen und eine leere Metallform oder ein Backblech auf den Ofenboden stellen.

Nach der Teigruhe den Teig auf eine leicht bemehlte Arbeitsfläche geben und zu einer Kugel formen. Anschließend das Brot nach Wunsch formen:

- Für ein rundes Brot: Die Kugel flach drücken und nochmals zu einer Kugel formen. Den Brotlaib in ein Gärkörbchen legen oder direkt auf ein Backblech mit Backpapier.
- Für ein langes Brot: Die Kugel flach drücken, die Seiten leicht zur Mitte hin einschlagen und von oben nach unten aufrollen, dabei darauf achten, dass keine Luft eingeschlossen wird. Die Seiten mit schräg gestellten Händen abrollen und das Brot auf die gewünschte Länge formen. Den Brotlaib in ein Gärkörbchen legen oder direkt auf ein Backblech mit Backpapier.

Den Brotlaib abdecken und mind. 2 Stunden garen lassen. Anschließend das Brot auf ein mit Backpapier belegtes Backblech stürzen, falls ein Gärkörbchen verwendet wurde. Den Teigling nach Wunsch einschneiden.

30 Minuten vor Ende der Gare den Ofen auf 210 °C Umluft oder 220 °C Ober-/Unterhitze vorheizen und eine leere Metallform oder ein Backblech auf den Ofenboden stellen.

Das Backblech mit dem Brot in den Ofen schieben und 200 ml Wasser in die heiße Form auf den Ofenboden gießen, um Dampf zu erzeugen. Den Ofen sofort schließen, damit der Dampf nicht entweicht.

Die Backzeit beträgt 50 bis 60 Minuten, je nach gewünschter Farbe.

HELLES ODER RUSTIKALES CIABATTA

ZUTATEN HELLES CIABATTA

POOLISH

250 g Wasser (30 °C)
125 g Mix Brot

TEIG

150 g Mix Brot
150 g Reissauerteig
12 g Trockenhefe
oder 25 g
Frischhefe
6 g grobes Salz (wichtig, dass es grob ist!)
15 g Olivenöl

ZUTATEN RUSTIKALES CIABATTA

POOLISH

300 g Wasser (30 °C)
125 g Mix It rustikal/rustico

TEIG

175 g Wasser (30 °C)
125 g Mix Brot
150 g Buchweizensauerteig
12 g Trockenhefe
oder 25 g Frischhefe
8 g grobes Salz (wichtig, dass es grob ist!)
15 g Olivenöl

→ *Tipp: Bei beiden Varianten kann man auch leckere Sachen in den Teig geben.*

HERSTELLUNG POOLISH

Mehl und Wasser mit dem K-Rührer gut vermischen und luftdicht verschlossen mindestens 4 Stunden oder über Nacht ungekühlt stehen lassen.

→ *Hinweis: Poolish ist eine Vorteigart, die ohne Hefe auskommt.*

HERSTELLUNG TEIG

Alle Zutaten außer Olivenöl und grobes Salz in die Rührschüssel geben und mit dem Knethaken 5 Minuten bei mittlerer Geschwindigkeit gut verkneten. Der Teig ist sehr weich.

Bitte die Hinweise zu der Verwendung von Maschinen in der Warenkunde beachten. Bei Handrührern nur so lange kneten, bis der Teig homogen und zäh ist.

Nach der Hälfte der Knetzeit das Olivenöl zugeben. Den Rand der Schüssel dabei immer sauberkratzen, damit alle Zutaten in den Teig gelangen.

Eine Minute vor Schluss das grobe Salz hinzufügen, damit es sich nicht vollständig auflöst.

Den Teig abgedeckt 3 Stunden ruhen lassen. Das Volumen wird sehr groß, was wichtig für das Endergebnis ist.

Nach der Ruhezeit die Arbeitsfläche großzügig mit Mix Brot oder rustico (je nach Ciabatta-Art) bemehlen.

Ein nicht benötigtes Backblech mit einem Tuch auslegen und dieses dünn mit Mix Brot oder Mix It rustico/rustikal bestreuen.

Den Teig vorsichtig auf die Arbeitsfläche geben, sodass er möglichst wenig zusammenfällt.

Den Teig halbieren, jede Hälfte mit Mehl bestreuen. Die linke und rechte Seite leicht nach innen falten und den Teig dann aufrollen, sodass das Mehl etwas eingeschlossen wird.

Den Teig mit dem »Schluss« nach unten auf das vorbereitete Tuch legen. Ciabatta abdecken und 30 Minuten garen (gehen) lassen.

Den Ofen auf 230 °C Umluft oder 240 °C Ober-/Unterhitze vorheizen. Eine große, alte Backform oder ein altes Backblech (nur bei Umluft) mit in den Ofen geben, damit es sich mit aufheizt.

WEITER »

HELLES ODER RUSTIKALES CIABATTA

FORTSETZUNG

Nach der Garzeit die Ciabatta mit dem »Schluss« nach oben, also der Seite, die auf dem Tuch lag, auf ein Backblech mit Backpapier legen.

Die Ciabatta mit viel Wasserdampf in den Ofen geben.

Helles Ciabatta 30 Minuten, rustikales Ciabatta 40–45 Minuten backen.

Für Ciabatta Piccoli (kleine Ciabatta): Den Teig vierteln oder achteln, dann nur 25–30 Minuten backen.

ITALIENISCHE VARIANTE

ZUSÄTZLICHE ZUTATEN

25 g Röstzwiebeln
60 g Schinkenwürfel
40 g Käsewürfel
30 g getrocknete Tomaten in Öl, fein gewürfelt
8 g Italienische Kräuter
25 g Wasser

HERSTELLUNG

Alle Zutaten mit dem Wasser vermischen und 15 Minuten ziehen lassen, dann am Ende der Knetzeit in den Teig geben und langsam homogen mischen lassen.

SCHARFE VARIANTE

ZUSÄTZLICHE ZUTATEN

40 g Mais, gut abgetropft
60 g Peperoni, frisch in Ringe geschnitten, mit Kernen
40 g rote Paprika, fein gewürfelt
20 g getrocknete Tomaten in Öl, fein gewürfelt
15 g Chili-Pulver

HERSTELLUNG

Alle Zutaten vermischen und 15 Minuten ziehen lassen, dann am Ende der Knetzeit in den Teig geben und langsam homogen mischen lassen.

OLLIS PINSA UNIVERSALE

ZUTATEN TEIG

440 g Wasser (28 °C)
8 g Salz
50 g Olivenöl
500 g Schär Mix It Universal
30 g Buchweizenmehl
20 g Leinsaatmehl
1 g Trockenhefe
oder 2 g Frischhefe

ZUM BESTREICHEN

Olivenöl

FÜR DEN BELAG

Alles nach Wunsch

→ *Tipp: Auf einem Pizzastein wird die Pinsa besonders knusprig. Für ein besonderes Geschmackserlebnis kann sie auch süß belegt werden. Im Holz- oder Pizzaofen gebacken, ist die Pinsa ein Genuss.*

HERSTELLUNG

Die Rohstoffe gemäß den Angaben in die Knetschüssel geben und 30 Sekunden auf niedrigster Stufe vermischen lassen. Anschließend auf Stufe 2 kneten, bis ein homogener, weicher Teig entstanden ist.

Den Teig in eine große Schüssel mit Deckel geben, glattstreichen und luftdicht verschließen. Den Teig für mindestens 36 bis maximal 48 Stunden in den Kühlschrank stellen.

Vor der Verarbeitung den Teig mindestens 2 bis 4 Stunden vorher aus dem Kühlschrank holen und bei Raumtemperatur stehen lassen.

Den Teig auf eine mit Maisgrieß bestreute Arbeitsfläche geben.

Den Teig in 4 Teile teilen und von Hand zu Fladen formen. Der Teig sollte dabei nicht dünner als 2 cm sein.

Die Teigfladen auf ein Backblech mit Backpapier legen und nach Wunsch entweder mit einer Soße oder dünn mit Olivenöl bestreichen. Die Fladen 90 Minuten lang gehen lassen.

Den Ofen auf 250 °C Ober-/Unterhitze vorheizen (am besten so heiß wie möglich oder auf Pizzastufe, falls vorhanden). Ein Blech oder einen Pizzastein auf der untersten Schiene des Ofens platzieren, damit der Boden schön knusprig wird.

Nach der Gare die Pinsa nach Wunsch belegen und 12 bis 25 Minuten backen (je nach Ofen und Programm). Sollte die Kruste oder Farbe anders gewünscht sein, kann die Backzeit entsprechend verlängert werden.

Die Pinsa kann auch ohne Belag vorgebacken und erst danach belegt werden.

Eine Pinsa, die vor dem Backen mit Olivenöl bestrichen und mit Kräutern bestreut wird, ist ebenfalls ein Genuss.

HELLES QUARKBROT

ZUTATEN

500 g Mix Brot
300 g Wasser (28 °C)
250 g Quark (Zimmertemperatur)
40 g Öl (Sorte nach Wunsch)
10 g Salz
5 g Trockenhefe
oder 10 g Frischhefe

→ *Tipp: Auf Wunsch können auch Körner im Teig verarbeitet werden. Dazu bitte das Vorgehen in anderen Rezepten und in der Warenkunde beachten (Seite 27).*

→ *Hinweis: Man kann auch Joghurt, Schmand oder Sauerrahm anstelle von Quark verwenden. In diesem Fall bitte die Wassermenge um 40 g reduzieren. Wird Buttermilch oder ein ähnliches Produkt verwendet, dann die Wassermenge um 60 g reduzieren.*

HERSTELLUNG

Zuerst Salz, Quark, Öl und Wasser in die Rührschüssel geben, dann das Mehl einwiegen und zuletzt die Hefe hinzufügen. Frischhefe einfach zerbröseln, sie muss nicht aufgelöst werden.

Den Teig 30 Sekunden bei langsamer Geschwindigkeit vermischen und dann so kurz wie möglich bei mittlerer Geschwindigkeit kneten. Dabei ist es wichtig, den Rand der Schüssel sauber zu kratzen, damit alle Zutaten gut eingearbeitet werden. Der Teig sollte homogen und glatt sein.

Den Teig in der Schüssel abdecken und 45 Minuten bei Zimmertemperatur ruhen lassen (Teigruhe).

Nach der Teigruhe den Teig auf eine leicht bemehlte Arbeitsfläche geben und kräftig zu einer Kugel zusammenkneten. Anschließend den Teig zu einem Brot formen. Für eine rustikale Optik kann die Oberseite des Brotes nach dem Formen in etwas Mehl gerollt werden. Dies gilt auch für Brötchen. Das geformte Brot auf ein Backblech mit Backpapier setzen, mit einem Tuch abdecken und 30 Minuten bei Zimmertemperatur garen lassen.

Den Ofen auf 190 °C Umluft oder 200 °C Ober-/Unterhitze vorheizen und ein leeres, feuerfestes Metallgefäß auf den Ofenboden stellen.

Nach der Gare das Brot rautenförmig einschneiden, in den Ofen geben und sofort 200 ml Wasser in die aufgeheizte Form auf dem Boden des Ofens schütten. Den Ofen direkt schließen.

Das Brot mindestens 50–60 Minuten backen, bis die gewünschte Krustenfarbe erreicht ist.

Danach auf einem Kuchengitter auskühlen lassen.

RUSTIKALES QUARKBROT

ZUTATEN

250 g Mix Brot
250 g Mix It dunkel/rustico, alternativ: 125 g Leinsaatmehl und 125 g Buchweizenmehl
330 g Wasser (28 °C)
250 g Quark Magerstufe (Zimmertemperatur)
40 g Öl (Sorte nach Wunsch)
12 g Salz
1 Päckchen Trockenhefe oder 21 g Frischhefe

→ *Tipp: Auf Wunsch können auch Körner im Teig verarbeitet werden. Dafür das Vorgehen aus anderen Rezepten und in der Warenkunde beachten (Seite 27).*

→ *Hinweis: Man kann auch Joghurt, Schmand oder Sauerrahm anstelle von Quark verwenden. In diesem Fall bitte die Wassermenge um 30 g reduzieren. Wird Buttermilch oder ein ähnliches Produkt verwendet, dann die Wassermenge um 50 g reduzieren.*

HERSTELLUNG

Zuerst Salz, Quark, Öl und Wasser in die Rührschüssel geben. Anschließend die Mehle einwiegen und in der Mitte eine kleine Mulde formen, in die die Hefe gegeben wird.

Den Teig 30 Sekunden bei langsamer Geschwindigkeit vermischen und dann so kurz wie möglich bei mittlerer Geschwindigkeit kneten. Achte darauf, den Rand der Schüssel sauber zu kratzen, damit alle Zutaten gut eingearbeitet werden. Der Teig sollte homogen und glatt sein.

Den Teig in der Schüssel abdecken und 45 Minuten bei Zimmertemperatur ruhen lassen (Teigruhe).

Nach der Teigruhe den Teig auf eine leicht bemehlte Arbeitsfläche geben und kräftig zu einer Kugel zusammenkneten. Anschließend den Teig zu einem Brot formen. Für eine rustikale Optik kann die Oberseite des Brotes nach dem Formen in etwas Mehl gerollt werden. Dies gilt auch für Brötchen.

Das geformte Brot auf ein Backblech mit Backpapier setzen, mit einem Tuch abdecken und 30 Minuten bei Zimmertemperatur gehen lassen.

Den Ofen auf 200 °C Umluft oder 210 °C Ober-/Unterhitze vorheizen und eine leere feuerfeste Metallschüssel oder ein altes Backblech auf dem Ofenboden mit erhitzen.

Nach der Gare das Brot rautenförmig einschneiden und in den Ofen geben. Direkt 200 ml Wasser auf das heiße Blech oder die Backform schütten, um Dampf zu erzeugen.

Das Brot mindestens 50 Minuten backen, bis die gewünschte Krustenfarbe erreicht ist.

Danach das Brot auf einem Kuchengitter auskühlen lassen.

KARTOFFELBROT

ZUTATEN

500 g Mix Brot
10 g Salz
350 g Wasser (30 °C)
50 g Öl
5 g Essig
15 g Trockenhefe oder 30 g Frischhefe
250 g Kartoffeln, gekocht und geschält vom Vortag
100 g Milch (30 °C)

→ *Tipp: Sollten Körner oder Saaten in den Teig gegeben werden, maximal 60 bis 70 g Körnermischung verwenden. Die Körner mit der gleichen Menge kochendem Wasser mischen und 30 Minuten bei Zimmertemperatur quellen lassen.*

Den Teig herstellen und 1 Minute vor Ende der Knetzeit die gequollene Körnermischung mit dem restlichen Wasser in den Teig geben. Darauf achten, dass die Körner gleichmäßig verteilt sind.

Werden die Körner ohne Einweichen in den Teig gegeben, ziehen sie beim Backen Wasser und der Teig geht nicht richtig auf.

Die Körnermischung kann auch am Abend vorher vorbereitet und abgedeckt im Kühlschrank gelagert werden. Wichtig ist, dass die Mischung Raumtemperatur hat, bevor sie in den Teig gegeben wird.

HERSTELLUNG

Die Kartoffeln mit der warmen Milch pürieren.

Salz, Öl, Essig und Wasser in die Rührschüssel geben, dann das Mehl einwiegen. Anschließend das Kartoffelpüree und die Hefe auf das Mehl geben. Frischhefe einfach zerbröseln, sie muss nicht aufgelöst werden.

Die Zutaten zunächst 30 Sekunden bei langsamer Geschwindigkeit vermischen, dann 5 Minuten bei mittlerer Geschwindigkeit kneten. Dabei den Rand der Schüssel mit einem Teigschaber sauber kratzen, damit alle Zutaten gut eingearbeitet werden.

Nach dem Kneten die Schüssel mit einem feuchten Tuch abdecken und den Teig 45 Minuten an einem warmen Ort (ca. 24–28 °C) ruhen lassen. Der Teig ist nach dem Kneten sehr weich, zieht aber während der Ruhephase nach und wird fester.

Nach der Teigruhe den Teig auf eine leicht bemehlte Arbeitsfläche geben, zu einer Kugel formen, flach drücken und erneut zu einer Kugel formen. Dem Teig die gewünschte Form geben und auf ein Backblech mit Backpapier setzen. Den Teig 30 Minuten garen lassen.

Den Ofen auf 210 °C Umluft oder 220 °C Ober-/Unterhitze vorheizen und eine leere, feuerfeste (Metall-)schüssel auf den Ofenboden stellen.

Nach der Gare das Brot sehr dünn mit Wasser bestreichen und nach Wunsch einschneiden. Dabei das Messer schräg halten (ca. 45°) und nicht tiefer als 5 mm schneiden.

Das Brot in den Ofen schieben und ein Glas Wasser in die aufgeheizte Metallform auf dem Ofenboden gießen. Den Ofen sofort schließen, um den Dampf zu halten.

Das Brot 50–60 Minuten backen und anschließend auf einem Kuchengitter auskühlen lassen.

RUSTIKALES KARTOFFELBROT

ZUTATEN

250 g Mix Brot
250 g Mix It dunkel/rustico
50 g glutenfreies Buchweizenvollkornmehl oder glutenfreies Hafermehl
10 g Salz
410 g Wasser (30 °C)
50 g Öl
5 g Essig
15 g Trockenhefe
oder 30 g Frischhefe
300 g geschälte, frisch gekochte Kartoffeln (mehlig oder festkochend)
150 g Milch (30 °C)

→ *Tipp 1: Die Brote in ein Gärkörbchen legen, um ein schönes Muster und eine gleichmäßige Form zu erhalten. Dazu das Gärkörbchen mit Mehl ausstauben, den Teig zur Kugel formen und mit der glatten Oberfläche nach oben ins Gärkörbchen legen. Falls ein bemehltes Brot gewünscht ist, das Gärkörbchen dicker mit Mehl bestäuben. Nach der Gare das Brot auf ein Backblech mit Backpapier stürzen.*

→ *Tipp 2: Für ein glattes Brot das Gärkörbchen mit etwas Kartoffelstärke ausstauben, um ein Ankleben zu verhindern. Wichtig ist nur, das Brot nach dem Stürzen abzukehren, entweder mit einem Pinsel oder einem Tischbesen, und vor dem Backen mit Wasser dünn abzustreichen. Dann erst einschneiden.*

HERSTELLUNG

Die gekochten Kartoffeln auf etwa 25 °C abkühlen lassen und anschließend mit der warmen Milch pürieren.

Salz, Öl, Essig und Wasser in die Rührschüssel geben, dann die Mehle einwiegen. Das Kartoffelpüree und die Hefe zum Mehl hinzufügen. Frischhefe einfach zerbröseln, sie muss nicht aufgelöst werden.

Die Zutaten zunächst 30 Sekunden bei langsamer Geschwindigkeit vermischen lassen, dann 5 Minuten bei mittlerer Geschwindigkeit kneten. Achte darauf, den Rand des Kessels mit einem Teigschaber sauber zu kratzen, damit alle Zutaten gut eingearbeitet werden.

Nach dem Kneten die Schüssel mit einem feuchten Tuch abdecken und den Teig 45 Minuten an einem warmen Ort ruhen lassen. Der Teig ist nach dem Kneten sehr weich, wird aber während der Ruhephase etwas fester.

Nach der Teigruhe den Teig auf eine bemehlte Arbeitsfläche geben, zu einer Kugel kneten, flach drücken und erneut zu einer Kugel formen. Anschließend das Brot formen und entweder mit Wasser bestreichen oder für eine rustikale Note in etwas Mehl wälzen. Danach auf ein Backblech mit Backpapier legen.

Das Brot 30 Minuten gehen lassen. Nach der Gare das Brot nach Wunsch einschneiden, das Messer dabei schräg halten (ca. 45°) und nicht tiefer als 5 mm schneiden.

Den Ofen auf 240 °C Umluft oder 250 °C Ober-/Unterhitze vorheizen und eine leere, feuerfeste Metallschüssel auf den Ofenboden stellen.

Beim Einschieben des Brotes in den Ofen ein Glas Wasser in die aufgeheizte Form auf dem Ofenboden schütten und den Ofen sofort schließen. Nach 5 Minuten die Temperatur auf 220 °C Umluft oder 230 °C Ober-/Unterhitze reduzieren und das Brot fertig backen. Die Backzeit beträgt je nach Ofen 50 bis 60 Minuten.

ITALIENISCHES BROT

ZUTATEN

500 g Mix It Universal
(neue Rezeptur 2021)
400 g lauwarmes Wasser
50 g Öl
8 g Salz
1 Päckchen Trockenhefe
oder 21 g Frischhefe

HERSTELLUNG

Zuerst Wasser, Salz und Öl in die Knetschüssel geben. Dann das Mehl einwiegen und zuletzt die Hefe hinzufügen. Frischhefe einfach zerbröseln, sie muss nicht aufgelöst werden.

Die Zutaten 30 Sekunden auf niedrigster Stufe vermischen lassen und anschließend 3 Minuten auf mittlerer Stufe kneten. Bei anderen Knetmaschinen den Teig nur so lange kneten, bis er homogen ist. Achte darauf, den Rand der Schüssel sauber zu kratzen, damit alle Zutaten gut eingearbeitet werden.

Die Schüssel abdecken und den Teig 45 Minuten ruhen lassen.

Nach der Teigruhe den Teig auf eine bemehlte Arbeitsfläche geben und leicht durchkneten. Den Teig zweimal zu einer Kugel formen und ihm anschließend die gewünschte Form geben.

Den geformten Teig mit einem Tuch abdecken und 30 Minuten gehen lassen. Währenddessen den Ofen auf 200 °C Umluft (210 °C Ober-/Unterhitze) vorheizen und ein leeres, feuerfestes Metallgefäß auf den Ofenboden stellen.

Nach der Gare das das unbemehlte oder unbestreute Brot sehr dünn mit Wasser abstreichen und nach Wunsch einschneiden. Dabei das Messer schräg im 45°-Winkel halten und nicht tiefer als 5 mm schneiden.

Die Teiglinge in den Ofen geben, 200 ml Wasser in das aufgeheizte Metallgefäß gießen und den Ofen sofort schließen.

Das Brot 50–60 Minuten backen. Die Backzeit kann je nach Ofen variieren. Nach dem Backen das Brot auf einem Kuchengitter auskühlen lassen.

SOFTES TOASTBROT

ZUTATEN

250 g Mix Brot
210 g Wasser (28 °C)
15 g Zucker
4 g Salz
40 g Öl
2 EL Milch
10 g Trockenhefe
oder 21 g Frischhefe

HERSTELLUNG

Zuerst Salz, Zucker, Milch, Öl und Wasser in die Rührschüssel geben. Dann das Mehl einwiegen und die Hefe zum Schluss auf das Mehl geben. Frischhefe einfach zerbröseln.

Die Zutaten 30 Sekunden bei langsamer Geschwindigkeit vermischen lassen und dann 5 Minuten bei höchster Geschwindigkeit kneten. Dabei den Rand der Schüssel mit einem Teigschaber sauber kratzen, damit alle Zutaten gut eingearbeitet werden.

Die Backform dünn mit Öl fetten oder ein Backtrennmittel verwenden. Beschichtete Formen müssen nicht gefettet werden.

Für die typische viereckige Toastform empfiehlt sich eine Toastbrotform mit Deckel. Das Brot kann aber auch ohne Deckel in einer normalen Kastenform oder in einem Tontopf gebacken werden.

Nach dem Kneten den Teig aus der Schüssel nehmen und mit etwas Mehl auf dem Tisch zu einer Kugel formen. Den Teig dabei kräftig bearbeiten, um größere Luftlöcher im fertigen Brot zu vermeiden.

Die Kugel flach drücken, die Seiten in die Mitte einschlagen und den Teig zu einer Stange aufrollen.

Die Stange in 4 gleich große Stücke teilen und jedes Stück um 90° gedreht in die Form legen, sodass die Schnittfläche nach außen zeigt (4-Pieces-Methode).

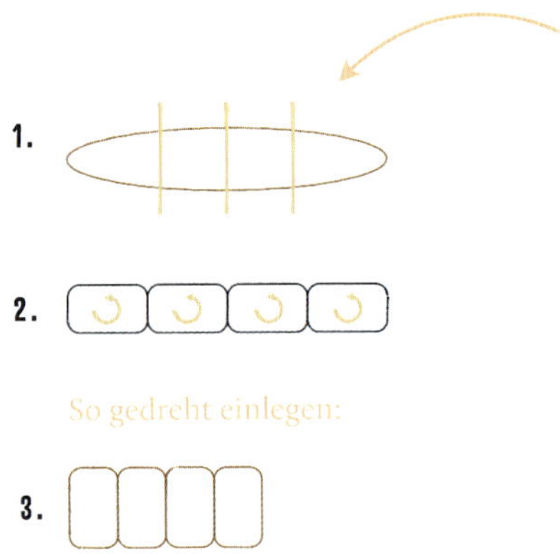

Das Brot 40 Minuten garen lassen.

Den Ofen auf 210 °C Umluft oder 220 °C Ober-/Unterhitze vorheizen. Wenn in einer Form ohne Deckel gebacken wird, eine leere feuerfeste (Metall-)form auf dem Ofenboden mit erhitzen.

Nach der Gare den Deckel auf die Form legen, falls verwendet, und das Brot in den Ofen schieben. Bei Formen ohne Deckel etwa 100 ml Wasser in die heiße Form auf dem Ofenboden gießen und den Ofen sofort schließen.

Das Brot je nach gewünschter Krustenfarbe 40 bis 45 Minuten bei reduzierter Temperatur (200 °C Umluft oder 210 °C Ober-/Unterhitze) backen.

Nach dem Backen das Brot auf ein Kuchengitter stürzen und auskühlen lassen. Wenn sich das Brot nicht sofort gut aus der Form löst, einige Minuten warten, damit es in der Form »schwitzt« und sich dann leichter herausnehmen lässt.

SOFTES KERNIGES DUNKLES TOASTBROT

ZUTATEN QUELLSTÜCK

25 g Sonnenblumenkerne
25 g glutenfreie Leinsaat (dunkel)
50 g glutenfreie Chia-Samen
100 g Wasser

ZUTATEN FÜR DAS BROT

5 g Salz
10 g Zucker
4 EL Milch
50 g Öl
350 g Wasser (28 °C)
250 g Mix It dunkel/rustico
25 g glutenfreies Buchweizenmehl
10 g Trockenhefe
oder 21 g Frischhefe

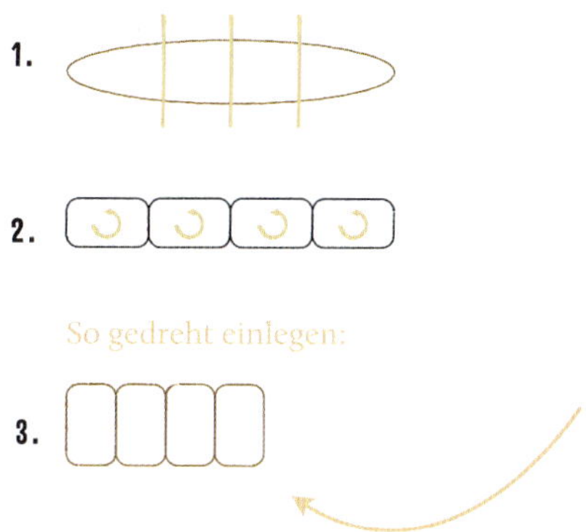

HERSTELLUNG QUELLSTÜCK

Das Wasser zum Kochen bringen, über die Körner schütten, gut verrühren und 30 Minuten stehen lassen.

HERSTELLUNG BROT

Zuerst Salz, Zucker, Milch, Öl und Wasser in die Rührschüssel geben. Dann die beiden Mehlsorten einwiegen und zuletzt die Hefe auf das Mehl geben. Frischhefe einfach zerbröseln.

Alle Zutaten 30 Sekunden bei langsamer Geschwindigkeit vermischen lassen, dann 5 Minuten bei höchster Geschwindigkeit kneten. Es ist wichtig, den Rand des Kessels mit einem Teigschaber sauber zu kratzen, damit alle Zutaten gut eingearbeitet werden. Das Quellstück 1 Minute vor Ende der Knetzeit unter den Teig mischen.

Die Backform dünn mit Öl fetten oder ein Backtrennmittel verwenden. Beschichtete Formen brauchen nicht gefettet werden.

Um die typische viereckige Toastform zu erhalten, empfiehlt sich eine Toastbrotform mit Deckel (ca. 20 cm Länge). Das Brot kann aber auch ohne Deckel in einer normalen Kastenform oder einem Tontopf gebacken werden.

Nach dem Kneten den Teig aus der Schüssel nehmen und mit etwas Mehl auf dem Tisch zu einer Kugel formen. Den Teig dabei kräftig bearbeiten, um größere Luftlöcher im fertigen Brot zu vermeiden.

Die Kugel flach drücken, die Seiten in die Mitte einschlagen und den Teig zu einer Stange aufrollen.

Die Stange in 4 gleich große Stücke teilen und jedes Stück um 90° drehen, sodass die Schnittfläche nach außen zeigt (4-Pieces-Methode). Diese Stücke in die Form legen.

Das Brot 50 Minuten garen lassen.

WEITER »

SOFTES KERNIGES DUNKLES TOASTBROT

FORTSETZUNG

Den Ofen auf 210 °C Umluft oder 220 °C Ober-/Unterhitze vorheizen. Wenn in einer Form ohne Deckel gebacken wird, eine leere feuerfeste (Metall)-form auf den Ofenboden stellen und mit erhitzen.

Nach der Gare ggf. den Deckel auf die Form legen und das Brot in den Ofen geben. Bei Formen ohne Deckel etwa 100 ml Wasser in die heiße Metallform auf dem Ofenboden gießen und den Ofen sofort schließen.

Das Brot je nach gewünschter Krustenfarbe 45 bis 50 Minuten bei reduzierter Temperatur (200 °C Umluft oder 210 °C Ober-/Unterhitze) backen.

Nach dem Backen das Brot auf ein Kuchengitter stürzen und auskühlen lassen. Wenn sich das Brot nicht sofort gut aus der Form löst, einige Minuten warten, damit es in der Form »schwitzt« und sich dann leichter herausnehmen lässt.

→ *Tipp: Wenn keine Körner im Brot gewünscht sind, das Quellstück weglassen und stattdessen 25 g mehr Wasser zum Teig geben.*

FRANZÖSISCHES BROT IM GUSSEISERNEN TOPF

ZUTATEN

500 g Mix It Universal (neue Rezeptur 2021)
400 g Wasser (30 °C)
50 g Olivenöl
6 g Salz
1 Päckchen Trockenhefe oder 21 g Frischhefe

AUßERDEM

einen eingebrannten, gusseisernen Topf

HERSTELLUNG

Zuerst Wasser, Salz und Öl in die Rührschüssel geben. Dann das Mehl einwiegen und die Hefe zum Schluss auf das Mehl geben. Die Frischhefe einfach zerbröseln.

Die Zutaten 30 Sekunden auf niedrigster Stufe mit dem Knethaken vermischen lassen, dann 3 Minuten auf mittlerer Stufe kneten. Dies gilt für die Kenwood Chef; bei anderen Küchenmaschinen bitte in der Warenkunde nachsehen. Während des Knetvorgangs den Rand der Schüssel sauber kratzen, damit alle Zutaten gut eingearbeitet werden.

Nach dem Kneten die Schüssel mit einem feuchten Tuch abdecken und den Teig 60 Minuten ruhen lassen.

Nach der Teigruhe den Teig auf eine bemehlte Arbeitsfläche geben und vorsichtig etwas zusammenkneten. Den Teig anschließend auf einen bemehlten Teil der Arbeitsfläche legen und 20 Minuten ruhen lassen.

Den Teig danach vorsichtig etwas flach drücken, die Oberfläche mit Reismehl bestäuben und die Seiten vorsichtig in die Mitte schlagen, sodass eine Kugel entsteht. Diese Kugel mit der eingeschlagenen Seite nach unten in ein bemehltes Gärkörbchen legen und mit einem Tuch abgedeckt 60 Minuten gehen lassen.

Den eingebrannten, gusseisernen Topf bei 250 °C Umluft oder 260 °C Ober-/Unterhitze mit Deckel im Ofen vorheizen.

Es wird kein Wasserdampf benötigt.

Sobald der Topf heiß ist und der Teigling reif, den Topf vorsichtig aus dem Ofen nehmen, den Deckel zur Seite legen und den Teigling aus dem Gärkorb in den heißen Topf geben.

Den Deckel wieder aufsetzen und den Topf zurück in den Ofen stellen.

Nach 20 Minuten die Temperatur auf 210 °C Umluft oder 200 °C Ober-/Unterhitze reduzieren und das Brot weitere 30 Minuten backen.

Anschließend den Deckel entfernen und das Brot weitere 10 Minuten ohne Deckel zu Ende backen.

KRÄUTER-BROT

ZUTATEN KRÄUTER-ÖL

5 g Kräuter der Provence
2,5 g Majoran
1,5 g Muskat
50 g Olivenöl

ZUTATEN TEIG

500 g Mix Brot
8 g Salz
450 g Wasser (30 °C)
40 g Kräuter-Öl
10 g Trockenhefe
oder 21 g Frischhefe

→ *Tipp: Für Croûtons in Suppen oder Salaten: Das Brot in Würfel schneiden und im Ofen trocknen.*

HERSTELLUNG KRÄUTER-ÖL

Alle Zutaten in ein hohes Gefäß geben und mit einem Stabmixer pürieren.

HERSTELLUNG TEIG

Zuerst Salz, 40 g des Kräuter-Öls und Wasser in die Rührschüssel geben. Dann das Mehl einwiegen und die Hefe zum Schluss auf das Mehl geben. Frischhefe einfach zerbröseln.

Die Zutaten 30 Sekunden bei langsamer Geschwindigkeit vermischen lassen und dann 5 Minuten bei mittlerer Geschwindigkeit kneten. Es ist wichtig, den Rand der Schüssel mit einem Teigschaber sauber zu kratzen, damit alle Zutaten gut eingearbeitet werden.

Die Schüssel mit einem feuchten Tuch abdecken und den Teig 45 Minuten an einem warmen Ort (ca. 24–28 °C) ruhen lassen. Der Teig ist nach dem Kneten noch weich, wird aber während der Ruhephase fester.

Das restliche Kräuter-Öl mit etwas zusätzlichem Olivenöl strecken.

Nach der Teigruhe den Teig auf eine leicht bemehlte Arbeitsfläche geben und zu einer Kugel formen. Anschließend den Teig nochmals zu einer Kugel formen und nach Wunsch gestalten. Das Brot auf ein Backblech mit Backpapier legen und mit dem restlichen Kräuter-Öl bestreichen. Anschließend 30 Minuten unbedeckt gehen lassen.

Den Ofen auf 210 °C Umluft oder 220 °C Ober-/Unterhitze vorheizen und eine leere, feuerfeste Metallschüssel auf den Ofenboden stellen.

Vor dem Backen das Brot nach Wunsch einschneiden. Das Messer dabei schräg im 45°-Winkel halten und nicht tiefer als 5 mm schneiden.

Nach der Gare das Brot in den Ofen schieben, etwa 200 ml Wasser in die aufgeheizte (Metall-)Schüssel auf dem Ofenboden gießen und den Ofen sofort schließen. Das Brot etwa 55 Minuten backen.

RUSTIKALES ZWIEBELBROT

ZUTATEN RÖSTZWIEBELN

100 g Zwiebeln
30 g Mix Brot
12 g Butter
12 g Öl
Salz nach Wunsch

ZUTATEN ZWIEBELMISCHUNG

150 g glutenfreie Röstzwiebeln
10 g getrocknete Petersilie
25 g Wasser

ZUTATEN TEIG

520 g Wasser (30 °C)
30 g Öl (z. B. Raps- oder Sonnenblumenöl)
8 g Salz
400 g Mix Brot
50 g glutenfreies Leinsaatmehl
50 g glutenfreies Buchweizenmehl
10 g Trockenhefe
oder 21 g Frischhefe
30 g kaltes Wasser

HERSTELLUNG RÖSTZWIEBELN

Die Zwiebeln schälen und in ca. 5 mm dicke halbe Ringe schneiden. In eine Schüssel geben und mit dem Mehl gut durchmischen.

Öl und Butter in einer Pfanne erhitzen. Sobald die Butter Blasen bildet, die Zwiebeln aus der Schüssel nehmen, überschüssiges Mehl abklopfen und in die Pfanne geben.

Die Zwiebeln im Fett gut vermischen und bei mittlerer Temperatur braten lassen, ohne zu rühren. Nach 5–8 Minuten erstmals wenden.

So lange braten und wenden, bis alle Zwiebeln gleichmäßig braun sind, ohne zu verbrennen. Ab und zu lockern, damit sie nicht aneinander festkleben.

Sobald sie leicht gebräunt sind, nach Wunsch sparsam salzen. Sparsam, da die Zwiebeln durch das Braten noch Feuchtigkeit verlieren und die Würzung intensiver wird.

Wenn die gewünschte Farbe erreicht ist, abschmecken und evtl. nachwürzen.

Noch einmal gründlich durchmischen und die Zwiebeln auf Küchenkrepp geben, um überschüssiges Fett zu entfernen. Vollständig auskühlen lassen.

Optional: Die fertigen Röstzwiebeln im Dörrautomat 4 Stunden trocknen. Alternativ können auch fertige glutenfreie Röstzwiebeln verwendet werden.

HERSTELLUNG ZWIEBELMISCHUNG

Röstzwiebeln mit der Petersilie mischen. Wasser hinzufügen und gut vermischen. 15 Minuten ziehen lassen.

Die Mischung 1 Minute vor Ende der Knetzeit in den Teig geben.

WEITER »

RUSTIKALES ZWIEBELBROT

FORTSETZUNG

HERSTELLUNG TEIG

Wasser, Öl und Salz in die Rührschüssel geben. Danach die trockenen Zutaten einwiegen und zuletzt die Hefe hinzufügen. Frischhefe einfach zerbröseln.

Alles ca. 20 Sekunden bei niedrigster Geschwindigkeit mischen und dann 4 Minuten bei mittlerer Stufe kneten lassen. Den Rand der Schüssel mit einem Teigschaber sauber kratzen, damit alle Zutaten in den Teig eingearbeitet werden.

Die Zwiebelmischung hinzufügen und den Teig auf langsamster Stufe kneten lassen, bis die Röstzwiebeln gleichmäßig verteilt sind.

Die Schüssel mit einem feuchten Tuch abdecken und den Teig 45 Minuten an einem warmen Ort (ca. 24–28 °C) ruhen lassen. Der Teig wird während der Ruhephase fester. Für eine kompaktere Krume und feinere Porung die Ruhephase auf die Hälfte verkürzen.

Die Arbeitsfläche leicht mit Reismehl oder Buchweizenmehl bestäuben. Den Teig zu einer Kugel formen und dann lang wirken: Die Teigkugel flach drücken, die Seiten etwas einschlagen und von oben nach unten einrollen.

Das geformte Brot auf ein Backblech mit Backpapier legen, abdecken und 40 Minuten gehen lassen.

Den Ofen auf 21 °C Umluft oder 220 °C Ober-/Unterhitze vorheizen, dabei ein leeres Metallgefäß auf dem Ofenboden mit aufheizen.

Vor dem Backen das Brot 3–5 Mal nicht zu tief einschneiden. Nach der Gare das Brot mittig in den Ofen geben und 200 ml Wasser in die vorgeheizte Form auf dem Ofenboden gießen, um viel Dampf zu erzeugen. Den Ofen sofort schließen.

Das Brot 50–60 Minuten backen. Unmittelbar nach dem Backen das Brot sehr dünn mit Wasser abstreichen und auf einem Gitter auskühlen lassen.

RÜBLIBROT – MÖHRENBROT

ZUTATEN

600 g Mix Brot
1 Päckchen Trockenhefe
oder 21 g Frischhefe
380 g Wasser (30 °C)
290 g Möhren, geschält und fein geraspelt
50 g Walnüsse, fein gemahlen
8 g Salz
2 Eigelbe
10 g Honig
5 g Essig

SAATEN-ZUSATZ

20 g Leinsaat (ganz)
20 g Sonnenblumenkerne (ganz)
10 g Chiasamen (ganz)
60 g heißes, kochendes Wasser

HERSTELLUNG

Die geschälten und fein geraspelten Möhren in die Rührschüssel geben. Dann Wasser, Honig, Essig, Salz, Mehl, gemahlene Walnüsse, Eigelbe und zum Schluss die Hefe hinzufügen. Frischhefe einfach zerbröseln.

Die Zutaten mit dem Knethaken 5 Minuten zu einem homogenen Teig kneten lassen.

Den Teig abdecken und 60 Minuten ruhen lassen.

Nach der Teigruhe den Teig kräftig durchkneten, zu einem Brotlaib formen und erneut 30 Minuten abgedeckt gehen lassen.

Währenddessen den Ofen auf 170 °C Umluft oder 180 °C Ober-/Unterhitze vorheizen, dabei ein leeres Metallgefäß auf den Ofenboden stellen.

Den Brotlaib nach Wunsch dünn mit Eiklar bestreichen für eine glatte Oberfläche, oder für eine rustikale Variante in Mehl wälzen. Falls gewünscht, das Brot einschneiden.

Das Brot in den Ofen geben und 100 bis 200 ml Wasser in das heiße Metallgefäß gießen, um Dampf zu erzeugen. Die Temperatur auf 200 °C Umluft oder 210 °C Ober-/Unterhitze erhöhen.

Das Brot 55–60 Minuten backen und anschließend auf einem Kuchengitter auskühlen lassen.

→ *Hinweis: Die Walnüsse können nach Belieben durch andere Nüsse wie Haselnüsse, Mandeln, Pekannüsse oder Erdmandelmehl ersetzt werden.*

HERSTELLUNG SAATENMISCHUNG

Die Saaten in eine Schüssel geben und mit dem kochenden Wasser übergießen.

Die Mischung gut verrühren und 30 Minuten quellen lassen.

Die gequollene Saatenmischung 1 Minute vor Ende der Knetzeit in den Teig geben und gleichmäßig unterkneten.

ZUCCHINIBROT

ZUTATEN

600 g Mix Brot
10 g Trockenhefe
220 g Wasser (30 °C)
300 g Zucchini, fein geraspelt (nicht ausgedrückt)
50 g Walnüsse, fein gemahlen
5 g Salz
2 Eigelbe
2 Eiklar

→ *Hinweis: Es kann jede Art von Zucchini verwendet werden, egal ob grün oder gelb. Je frischer die Zucchini, desto mehr kann der Teig kleben, dennoch die Zucchini bitte nicht ausdrücken.*

HERSTELLUNG

Die geraspelten Zucchini in die Rührschüssel geben. Dann Wasser, Salz, Mehl, gemahlene Walnüsse, Eigelbe und zum Schluss die Hefe hinzufügen.

Alle Zutaten mit dem Knethaken 5 Minuten zu einem homogenen Teig kneten lassen.

Den Teig abdecken und 45 Minuten ruhen lassen.

Nach der Teigruhe den Teig kräftig durchkneten, zu einem Brotlaib formen und erneut 30 Minuten abgedeckt garen lassen.

Währenddessen den Ofen auf 170 °C Umluft oder 180 °C Ober-/Unterhitze vorheizen und ein leeres Metallgefäß auf den Ofenboden stellen.

Den Brotlaib nach Wunsch dünn mit Eiklar bestreichen für eine glatte Oberfläche, oder für eine rustikale Variante in Mehl wälzen. Falls gewünscht, das Brot einschneiden.

Das Brot mit Wasserdampf in den Ofen geben, indem etwa 200 ml Wasser in das heiße Metallgefäß auf dem Ofenboden gegossen werde, und die Temperatur auf 200 °C Umluft oder 210 °C Ober-/Unterhitze erhöhen.

Das Brot 50 Minuten backen und anschließend auf einem Kuchengitter auskühlen lassen.

SESAMBROT

ZUTATEN BRÜHSTÜCK

20 g Haferflocken
20 g Kürbiskerne
20 g Sesam
80 g Wasser, kochend

ZUTATEN TEIG

440 g Wasser
40 g Sesamöl
15 g Salz
5–10 g Brotgewürz
5 g Kerbel, falls gewünscht
140 g Mix It dunkel/rustico
60 g Buchweizenmehl
300 g Mix Brot
1 Päckchen Trockenhefe
oder 21 g Frischhefe
20 g Quinoa, gepufft
140 g Brühstück
Sesamsamen zum Bestreuen
Etwas Reismehl zum Formen

→ *Tipps: Du kannst sowohl konventionelles als auch geröstetes asiatisches Sesamöl verwenden, um einen intensiveren Sesamgeschmack zu erzielen. Die Menge bleibt dabei unverändert.*

Den gepufften Quinoa bitte nicht weglassen, da er wichtig für die Wasserbindung ist. Er kann durch gepufften Amaranth oder ähnliche Produkte ersetzt werden.

Der Kerbel passt hervorragend zu Sesam und verstärkt den Geschmack.

HERSTELLUNG BRÜHSTÜCK

Die Haferflocken, Kürbiskerne und den Sesam in eine Schüssel geben.

Mit dem kochenden Wasser übergießen und mindestens 30 Minuten quellen lassen.

HERSTELLUNG BROT

Für den Brotteig die Zutaten in der angegebenen Reihenfolge in die Rührschüssel geben, dabei die gepuffte Quinoa zunächst weglassen.

Mit der Küchenmaschine 30 Sekunden auf niedrigster Stufe verrühren, dann 5 Minuten bei mittlerer Geschwindigkeit kneten lassen. Eine Minute vor Ende der Knetzeit das Brühstück und die gepuffte Quinoa hinzufügen und kurz gleichmäßig unterkneten.

Den Teig zusammenkratzen und feucht abgedeckt 45 Minuten ruhen lassen.

Nach der Ruhezeit den Teig kräftig durchkneten und einen Laib formen. Zum Formen nur wenig Reismehl verwenden.

Auf einem Teller Sesamsamen verteilen, den Brotlaib dünn mit Wasser abstreichen und im Sesam wälzen.

Das Brot auf ein Backblech mit Backpapier legen und zugedeckt 30 bis 40 Minuten garen lassen.

Den Ofen auf 200 °C Umluft oder 21 °CC Ober-/Unterhitze vorheizen. Dabei ein leeres Metallgefäß auf dem Ofenboden mit erhitzen.

Nach der Gare das Brot in den Ofen schieben und 200 ml Wasser in die aufgeheizte Form auf dem Ofenboden gießen. Den Ofen sofort schließen.

Das Brot 50 bis 60 Minuten backen, je nach gewünschter Bräunung.

OLIVERS AFRICAN CORN DREAM

ZUTATEN

400 g Milch (ca. 30 °C)
20 g Öl
40 g Butter, geschmolzen (nur lauwarm)
100 g Ei
8 g Salz
15 g Zucker
500 g Mehl Farine
40 g Maisstärke
240 g Dosenmais, abgetropft
3 g Kurkuma
1 Päckchen Trockenhefe
oder 21 g Frischhefe

HERSTELLUNG

Den Dosenmais gut abtropfen lassen und mit 200 g der Milch gründlich mit einem Mixstab pürieren. Die Butter schmelzen und lauwarm abkühlen lassen (nicht heiß).

Die restliche Milch, die Mais-Milch-Mischung, Salz, Zucker und Eier in die Rührschüssel geben. Das Mehl und die Maisstärke darüber streuen, zum Schluss die Hefe hinzufügen.

Alles für 2 Minuten auf niedrigster Stufe kneten lassen.

Während der Teig weiter auf niedrigster Stufe geknetet wird, die geschmolzene Butter langsam in einem gleichmäßigen Strahl hinzufügen. Anschließend den Teig 2 Minuten auf mittlerer Stufe weiter kneten.

Den Teig mit einem feuchten Tuch abdecken und 60 Minuten ruhen lassen.

Währenddessen eine Kastenform (ca. 30 x 10 x 10 cm) mit Backpapier auslegen, das überstehende Papier ca. 1 cm über dem Rand abschneiden.

Nach der Teigruhe den Teig in die Backform füllen und vorsichtig mit einem feuchten Teigschaber glattstreichen. Wieder mit einem feuchten Tuch abdecken und 30 Minuten gehen lassen.

Den Ofen auf 180 °C Ober-/Unterhitze vorheizen.

Nach der Gare das Brot in den Ofen geben und 50–60 Minuten backen. Dabei zum Ende der 50 min immer mal wieder die Stäbchenprobe machen.

Sollte das Brot anfangen, zu dunkel zu werden, es mit Alufolie abdecken (glänzende Seite nach oben).

Nach dem Backen das Brot aus der Form nehmen, das Backpapier entfernen und das Brot auf einem Kuchengitter auskühlen lassen.

KÜRBISBROT

ZUTATEN

350 g Hokkaido-Kürbis, fein gerieben
250 g Wasser (28 °C)
30 g Öl (neutral oder Kürbiskernöl)
7 g Salz
2 g Muskat, gemahlen
500 g Mix Brot
1 Päckchen Trockenhefe
oder 21 g Frischhefe

HERSTELLUNG

Den Hokkaido-Kürbis säubern, entkernen und mit einer feinen Reibe in dünne Streifen hobeln. Ein Hokkaido muss nicht geschält werden.

Alle Zutaten in der angegebenen Reihenfolge in die Rührschüssel geben und 30 Sekunden auf niedrigster Stufe vermischen.

Den Teig anschließend 5 Minuten mit dem Knethaken bei mittlerer Geschwindigkeit zu einem homogenen Teig verkneten. Die genaue Knetzeit hängt von der verwendeten Küchenmaschine ab.

Den Teig in der Schüssel zusammenkratzen und für 45 Minuten feucht abgedeckt ruhen lassen.

Nach der Ruhezeit den Teig fest von Hand durchkneten und zu einem Laib formen.

Den Laib mit Wasser dünn abstreichen und nach Wunsch mit Kürbiskernen bestreuen oder in Kürbiskernen wälzen.

Das Brot auf ein Backblech mit Backpapier legen und mit einem Tuch abgedeckt 30 Minuten gehen lassen.

Den Ofen auf 210 °C Umluft oder 220 °C Ober-/Unterhitze vorheizen, dabei ein leeres Metallgefäß im Ofen mit aufheizen.

Nach der Gare das Brot in den Ofen schieben und 100 bis 200 ml Wasser in das aufgeheizte Gefäß am Boden gießen, um Dampf zu erzeugen. Die Ofentür sofort schließen.

Das Brot 60–70 Minuten backen, je nach gewünschter Kruste und Farbe.

Nach dem Backen das Brot auf einem Kuchengitter auskühlen lassen.

SPEZIAL-BROTE UND -GEBÄCKE

TAHINA-KRÜSTCHEN

ZUTATEN BRÜHSTÜCK

30 g Sesam
30 g kochendes Wasser

HERSTELLUNG BRÜHSTÜCK

30 g ungeschälten Sesam mit 30 g kochendem Wasser vermischen und für 15–30 Minuten quellen lassen.

ZUTATEN TEIG

475 g Wasser (30 °C)
400 g Mix Brot
150 g Mix It dunkel/rustico
30 g Sesamöl
50 g Tahina (Sesampaste)
8 g Salz
1 Päckchen Trockenhefe
oder 21 g Frischhefe
Geschälter Sesam zum Bestreuen

HERSTELLUNG TEIG

Wasser, Sesamöl, Tahina und Salz in die Rührschüssel geben. Dann die Mehle einwiegen und zum Schluss die Hefe und den gequollenen Sesam mit dem restlichen Quellwasser hinzufügen.

Den Teig zunächst 30 Sekunden ganz langsam kneten, danach 3–4 Minuten auf mittlerer Geschwindigkeit weiterkneten. Je kürzer die Knetzeit, desto fluffiger wird der Teig, aber er muss homogen sein und eine klebrige Struktur haben.

Den Teig abgedeckt 45 Minuten ruhen lassen.

Den Teig auf eine mit Wasser benetzte Arbeitsfläche geben und zweimal eine Kugel formen, anschließend den Teig länglich formen.

Eine 30 cm lange Kastenform mit Sesamöl fetten und mit Sesam ausstreuen. Den geformten Teig in die Form geben.

Die Oberfläche des Brots mit einem feuchten Schaber glattstreichen und mit geschältem Sesam bestreuen.

Nach einer Gare von 30 Minuten das Brot in den auf 200 °C Umluft oder 210 °C Ober-/Unterhitze vorgeheizten Ofen geben, 200 ml Wasser in eine vorgeheizte Form am Ofenboden gießen und das Brot 50–60 Minuten backen.

OLIVERS KNÄCKEBROTWELT

ZUTATEN

520 g Wasser
60 g Öl
10 g Leinsaat
80 g geschälter Sesam
200 g glutenfreie Haferflocken
200 g Mix Brot
20 g Bambusfaser
30 g Sonnenblumenkerne
15 g Kürbiskerne
10 g Salz

HERSTELLUNG

Den Ofen auf 250 °C Umluft oder 260 °C Ober-/Unterhitze vorheizen.

Zuerst die trockenen Zutaten (Leinsaat, Sesam, Haferflocken, Mix Brot, Bambusfaser, Sonnenblumenkerne, Kürbiskerne und Salz) miteinander vermischen.

Wasser und Öl zu den trockenen Zutaten geben und von Hand so lange kneten, bis ein zäher, homogener Teig entsteht.

Den Teig auf Backpapier rechteckig und ca. 3 mm dick mit beispielsweise einer Winkelpalette/Spatel aufstreichen.

Mit einem Pizzaroller die gewünschten Knäckebrotscheiben vor dem Backen bereits einschneiden.

Zwei Backbleche auf diese Weise vorbereiten und die Teiglinge für 5 Minuten backen. Anschließend aus dem Ofen nehmen.

Den Ofen auf 190 °C herunterstellen und das Knäckebrot weitere 16–20 Minuten backen, bis es knusprig und leicht gebräunt ist.

→ *Tipps:*
Die Sonnenblumenkerne und Kürbiskerne können nach Belieben durch andere Saaten ersetzt werden.

Kräuter können in den Teig eingearbeitet werden, um verschiedene Geschmacksrichtungen zu erzeugen.

Vor dem Backen kann grobes Meersalz oder zusätzlicher Sesam auf den Teig gestreut werden.

Für eine knusprige Chips-Variante kann der Teig etwas weicher gehalten, die Sonnenblumenkerne und Kürbiskerne weggelassen und der Teig noch dünner aufgestrichen werden.

OLIVERS STEINPILZ-KRÜSTCHEN

ZUTATEN

900 g Wasser (30 °C)
40 g Öl (z. B. Raps- oder Sonnenblumenöl)
10 g Salz
200 g Mix Brot
140 g glutenfreies Leinsaatmehl
200 g glutenfreies Buchweizenmehl
10 g Trockenhefe
oder 21 g Frischhefe
30 g getrocknete Steinpilze, gemahlen (zu feinem Puder)

HERSTELLUNG

Zuerst das Wasser, Öl und Salz in die Rührschüssel geben. Dann die trockenen Zutaten hinzufügen, und zuletzt die Hefe dazugeben. Frischhefe einfach zerbröseln, sie muss nicht aufgelöst werden. Wichtig ist, dass die Steinpilze wirklich ein Puder sind.

Mit der Küchenmaschine 20 Sekunden bei niedrigster Geschwindigkeit mischen und anschließend 5 Minuten bei mittlerer Stufe kneten. Darauf achten, den Rand der Schüssel mit einem Teigschaber sauber zu kratzen, damit alle Zutaten in den Teig eingearbeitet werden und keine trockenen Reste haften bleiben.

Nach dem Knetvorgang die Schüssel mit einem feuchten Tuch abdecken und 45 Minuten an einem warmen Ort (ca. 24–28 °C) stehen lassen. Der Teig ist nach dem Kneten sehr weich, zieht aber während dieser Ruhephase noch nach, wird also fester. Für eine kompaktere Krume und feinere Porung kann die Ruhezeit auf die Hälfte verkürzt werden.

Die Arbeitsfläche leicht mit Reismehl oder Buchweizenmehl bestäuben.

Den Teig dreimal zu einer Kugel formen, um Stabilität zu gewinnen. Wenn gewünscht, die Oberseite des Brotes in Mix Brot wälzen, um eine rustikale, bemehlte Optik zu erzeugen. Dann den Laib auf ein Backblech mit Backpapier legen, leicht flach drücken und 30 Minuten garen.

Während der Gare den Ofen auf 240 °C Umluft oder 250 °C Ober-/Unterhitze vorheizen, dabei ein leeres Metallgefäß auf dem Ofenboden mit aufheizen.

Vor dem Backen das Brot 3- bis 5-mal wild (nicht geometrisch) einschneiden.

Das Brot mittig in den Ofen geben und gleichzeitig 200 ml Wasser in die vorgeheizte Form auf dem Ofenboden gießen, um viel Wasserdampf zu erzeugen. Den Ofen sofort schließen.

Die Temperatur auf 200 °C Umluft oder 210 °C Ober-/Unterhitze reduzieren und das Brot etwa 60 Minuten backen.

Nach dem Backen das Brot auf einem Gitter abkühlen lassen

DUNKLES BROT NACH ART EINES PUMPERNICKELS »OLIVERS STYLE«

ZUTATEN BRÜHSTÜCK

300 g Wasser, kochend
100 g Leinsaat
100 g Buchweizenschrot, mittel grob
75 g Sonnenblumenkerne
50 g Chiasamen
50 g Hirsekörner oder Sesam
10 g Salz

ZUTATEN TEIG

150 g Wasser (30 °C)
200 g Mix Brot
40 g Reis-Vollkornmehl
40 g Leinsaatmehl, glutenfrei
50 g Amaranth-Vollkornmehl
100 g glutenfreie Haferflocken
110 g Zuckerrübensirup (Rübenkraut)
10 g Frischhefe
oder 5 g Trockenhefe
oder 10 g Backpulver
1 Toastbrotform (20×10×10 cm) mit Deckel

HERSTELLUNG BRÜHSTÜCK

Einen Tag vorher 300 g Wasser zum Kochen bringen. Sonnenblumenkerne, Chiasamen, Buchweizenschrot, Leinsaat, Hirsekörner oder Sesam und Salz in das kochende Wasser einrühren und vom Herd nehmen.

Den Topf fest verschließen und bis zum nächsten Tag bei Zimmertemperatur stehen lassen. Nicht in den Kühlschrank stellen, das Salz schützt vor Verderb.

HERSTELLUNG BROT

Da das Brot sehr lange backt, den Teig am besten abends herstellen. Dann kann es morgens aus dem Ofen geholt werden.

Hefe und das warme Wasser in einer großen Schüssel mit dem Zuckerrübensirup gut vermischen und etwa 10 Minuten stehen lassen.

In der Zwischenzeit alle anderen trockenen Zutaten miteinander vermischen.

Nach den 10 Minuten die trockene Mischung zusammen mit dem Brühstück in die Schüssel geben und gut und von Hand vermischen. Da der Teig sehr weich ist, den K-Haken (Flachrührer) verwenden oder mit der Hand verkneten.

Der Teig wird nicht geknetet, dafür ist er zu weich. Nur so lange vermischen, bis er homogen ist.

Den sehr weichen Teig in die gefettete Toastbrotform (20×10×10 cm) geben und gleichmäßig glatt streichen. Anschließend den Teig mit Wasser bestreichen.

Die Toastform fest mit dem Deckel verschließen und das Brot 2 Stunden gehen lassen.

→ *Hinweis: Bei der Verwendung von Backpulver dem Brot keine Gare geben (nicht gehen lassen!).*

WEITER »

DUNKLES BROT NACH ART EINES PUMPERNICKELS »OLIVERS STYLE«

FORTSETZUNG

Es wird nicht viel hochkommen, da es überwiegend grobes Korn ist. Also keine Sorge.

15 Minuten vor Ende der Gare den Ofen auf 150 °C Umluft (oder 155 °C Ober-/Unterhitze) vorheizen und eine große, hohe Auflaufform voll mit Wasser im Ofen mit aufheizen.

Nach der Gare die komplette Backform in Alufolie einwickeln, sodass sie dicht umschlossen ist. Die Form so mittig wie möglich im Ofen auf einem Backgitter platzieren.

Das Brot 15 Stunden backen lassen. Nach einer Stunde die Temperatur auf 120 °C reduzieren und weiterbacken. Zwischendurch immer mal wieder nachsehen, ob in der Auflaufform im Ofen noch Wasser vorhanden ist.

Nach Ende der Backzeit den Ofen ausschalten und das Brot noch 30 Minuten im Ofen ruhen lassen.

Die Alufolie vorsichtig entfernen und das Brot aus der Form nehmen.

Das Brot auf einem Kuchengitter vollständig auskühlen lassen.

OLIVERS AJVAR-BROT

ZUTATEN TEIG

500 g Mix Brot
360 g Wasser (28 °C)
250 g Ajvar (mild oder scharf, auf Zimmertemperatur)
8 g Salz
15 g Trockenhefe
oder 30 g Frischhefe
6 g Paprikapulver, rosenscharf

→ *Tipp: Auf Wunsch können auch Körner im Teig verarbeitet werden. Mehr dazu findet ihr in der Warenkunde (Seite 27).*

HERSTELLUNG TEIG

Zuerst Salz, Ajvar, Paprikapulver und Wasser in die Rührschüssel geben. Dann das Mehl einwiegen und zuletzt die Hefe hinzufügen. Frischhefe einfach zerbröseln, sie muss nicht aufgelöst werden.

Die Zutaten 30 Sekunden bei langsamer Geschwindigkeit vermischen und dann *so kurz wie möglich* bei mittlerer Geschwindigkeit kneten. Es ist wichtig, den Rand der Schüssel sauber zu kratzen, damit alle Zutaten gut eingearbeitet werden. Der Teig sollte homogen und glatt sein.

Den Teig in der Schüssel abdecken und 45 Minuten bei Zimmertemperatur ruhen lassen (Teigruhe).

Nach der Teigruhe den Teig auf eine leicht bemehlte Arbeitsfläche geben, kräftig durchkneten und zu einer Kugel formen. Anschließend den Teig entweder zu einem Brotlaib formen oder Teiglinge von 80 bis 100 g abwiegen und zu Brötchen formen.

Das Brot oder die Brötchen auf ein Backblech mit Backpapier setzen, mit einem Tuch abdecken und 30 Minuten bei Zimmertemperatur garen (gehen) lassen.

Den Ofen auf 200 °C Umluft oder 210 °C Ober-/Unterhitze vorheizen und ein leeres feuerfestes Metallgefäß auf den Ofenboden stellen.

Nach der Gare das Brot mit drei Schnitten nicht zu tief einschneiden oder die Brötchen 3-4-mal einschneiden. Das Brot oder die Brötchen in den Ofen geben und gleichzeitig 250 ml Wasser in die aufgeheizte Form am Boden gießen, um Dampf zu erzeugen. Den Ofen sofort schließen.

Das Brot 50–60 Minuten backen, bis die gewünschte Krustenfarbe erreicht ist. Die Brötchen benötigen 20–25 Minuten, und Baguettes 25–30 Minuten.

Das fertige Brot oder die Brötchen auf einem Kuchengitter auskühlen lassen.

OLLIS BAYRISCHES SAUERKRAUTBROT

ZUTATEN

200 g Mix Brot
100 g Wasser (30 °C)
250 g Sauerkraut (nicht abgetropft)
60 g Leinsaatmehl
5 g Salz
3 g Brotgewürz
200 g Sauerteig
5 g Kümmel, ganz

→ *Tipp: Für eine herzhaftere Variante können dem Teig 100 g gewürfelter Speck hinzugefügt werden.*

HERSTELLUNG

Das Sauerkraut ohne Abtropfen direkt in die Rührschüssel geben. Wasser, Salz, Mix Brot, Leinsaatmehl, Brotgewürz, Kümmel und Sauerteig hinzufügen. Zum Schluss die Hefe dazugeben.

Die Zutaten mit dem Knethaken ca. 5 Minuten zu einem homogenen Teig kneten.

Den Teig abdecken und ca. 90 Minuten ruhen lassen.

Nach der Teigruhe den Teig kräftig durchkneten, zu einem Brotlaib formen und entweder in ein bemehltes Gärkörbchen legen oder auf ein Backblech mit Backpapier geben. Das Brot mit einem Tuch abdecken und 120 Minuten garen lassen. Das Volumen sollte sich um etwa ein Drittel erhöhen. Falls nicht, die Garzeit verlängern, bis das Volumen entsprechend angestiegen ist.

Den Ofen auf 240 °C Umluft oder 250 °C Ober-/Unterhitze vorheizen und dabei eine Metallform oder ein Backblech auf dem Ofenboden mit aufheizen. Bei Ober-/Unterhitze kein zweites Backblech verwenden.

Den Brotlaib aus dem Gärkörbchen auf ein Backblech mit Backpapier stürzen oder das Brot auf dem Backblech dünn mit Wasser abstreichen und mit Buchweizenmehl bestäuben.

Den Laib dünn mit 3 diagonalen Schnitten einschneiden (nicht zu tief).

Das Brot in den Ofen geben und 200–300 ml Wasser in die vorgeheizte Metallform oder auf das Backblech gießen, um Dampf zu erzeugen. Nach 10 Minuten die Temperatur auf 200 °C Umluft oder 210 °C Ober-/Unterhitze reduzieren.

Das Brot ca. 50 Minuten backen und anschließend auf einem Kuchengitter auskühlen lassen.

OLIVERS ITALIEN-PARMESANBREAD

ZUTATEN

300 g Mix It Universal (neue Rezeptur 2021)
200 g Mix It dunkel/rustico
450 g lauwarmes Wasser
50 g Olivenöl
10 g Salz
5 g Zucker
1 Päckchen Trockenhefe
oder 21 g Frischhefe
120 g Parmesan, gerieben
(z. B. Parmigiano Reggiano)

ZUM ABSTREICHEN

50 g Ei, verquirlt
100 g Parmesan, gerieben
(z. B. Parmigiano Reggiano)
Etwas glutenfreie Kleie
(z. B. glutenfreie Haferkleie)

→ *Tipp: Das Parmesanbrot kann nach Belieben mit getrockneten oder frischen Kräutern verfeinert werden.*

Videos zum Formen von Brot findet ihr auf meinem YouTube-Kanal

HERSTELLUNG

Zuerst Wasser, Salz und Öl in die Knetschüssel geben, dann das Mehl und den Parmesan einwiegen. Zum Schluss die Hefe hinzufügen (Frischhefe einfach zerbröseln).

Die Zutaten 30 Sekunden auf niedrigster Stufe vermischen lassen, dann 3 Minuten auf mittlerer Stufe kneten. Das gilt für die Kenwood Chef, bei anderen Knetmaschinen nur so kurz wie möglich kneten, bis der Teig homogen ist. Wichtig ist, den Rand der Schüssel sauber zu kratzen, damit alle Zutaten gut eingearbeitet werden.

Die Schüssel abdecken und den Teig 45 Minuten ruhen lassen.

Nach der Teigruhe den Teig auf eine bemehlte Arbeitsfläche geben, kräftig flach drücken und zu einer Kugel formen.

Die Kugel umdrehen, erneut flach drücken und die Seiten leicht Richtung Mitte falten und andrücken.

Den Teig von oben nach unten aufrollen, dabei darauf achten, dass keine Luft eingeschlossen wird. Die Seiten mit der schrägen Handfläche abrunden und den Brotlaib etwas lang rollen.

Den Brotlaib mit verquirltem Ei abstreichen und die bestrichene Seite in geriebenem Parmesan wälzen. Anschließend das Brot auf das Backblech setzen und mit etwas Kleie bestreuen.

Das Brot mit einem Tuch abdecken und 45 Minuten gehen lassen.

Den Ofen auf 190 °C Umluft oder 200 °C Ober-/Unterhitze vorheizen. Ein leeres feuerfestes Metallgefäß oder Backblech auf den Ofenboden stellen und mit aufheizen.

Nach der Gare das Brot in den Ofen geben, 200 ml Wasser in die aufgeheizte Form auf dem Ofenboden schütten und den Ofen sofort schließen.

Das Parmesanbrot 55–60 Minuten backen.

Nach dem Backen das Brot auf einem Kuchengitter vollständig auskühlen lassen.

OLIVERS AFRIKANISCHER KROKODILRÜCKEN

ZUTATEN

370 g Wasser (ca. 28 °C)
50 g Ei
80 g neutrales Pflanzenöl
6 g Salz
500 g Mix Brot
1 Päckchen Trockenhefe
10 g ungeschälter Sesam
40 g Puderzucker
6 g Kardamom
6 g Koriander

ZUM BESTREICHEN VOR DEM BACKEN

Neutrales Pflanzenöl

ZUM BESTREICHEN NACH DEM BACKEN

100 g flüssige Butter

HERSTELLUNG

Wasser, Puderzucker und Hefe in einer Schüssel verrühren und 10 Minuten abgedeckt stehen lassen.

Nach der Aktivierung der Hefe die restlichen Zutaten in der angegebenen Reihenfolge hinzufügen: Mehl, Öl, Koriander, Kardamom, Ei und Salz.

Den Teig zunächst 30 Sekunden auf langsamster Stufe mischen und dann 5 Minuten auf mittlerer Stufe kneten. Den Rand der Schüssel mit einem Teigschaber sauberkratzen, damit alle Zutaten gut eingearbeitet werden.

Die Schüssel mit einem feuchten Tuch abdecken und den Teig bei Zimmertemperatur 60 Minuten ruhen lassen.

Währenddessen 2 Springformen oder ein Backblech mit Butter fetten.

Nach der Teigruhe den Teig halbieren und zwei gleich große Kugeln formen. Diese Kugeln von Hand etwas vorplätten und mit einem Rollholz zu zwei Fladen von ca. 26 cm Durchmesser ausrollen.

Die Fladen entweder in die Springform legen oder diagonal auf das Backblech.

Mit einem scharfen Messer ein viereckiges Muster in den Teig ritzen. Aber bitte nicht zu tief schneiden.

Die Fladen mit Öl abstreichen und 30 Minuten gehen lassen.

Den Ofen auf 180 °C Umluft oder 19 °C Ober-/Unterhitze vorheizen. Eine leere Metallform oder ein Backblech auf dem Ofenboden mit erhitzen.

Nach der Gehzeit die Fladen nochmals mit Öl bestreichen, mit jeweils 5 g Sesam bestreuen und die Backbleche oder Springformen in den Ofen geben. 200 ml Wasser in die vorgeheizte Form auf dem Ofenboden gießen, um Dampf zu erzeugen, und den Ofen sofort schließen.

Die Fladen etwa 20 Minuten backen, bis sie goldbraun sind.

Die Fladen vor dem Essen nochmals mit flüssiger Butter bestreichen.

OLIVERS BIERBROTGENUSS

ZUTATEN

520 g Bier (28 °C, Sorte nach Wunsch)
30 g Öl (z. B. Raps- oder Sonnenblumenöl)
20 g flüssiger Honig
8 g Salz
420 g Mix Brot
50 g glutenfreies Leinsaatmehl
50 g glutenfreies Buchweizenmehl
20 g Trockenhefe

→ *Tipps:*
Das Brot kann nach Belieben mit Sonnenblumenkernen, Leinsaat oder Kräutern verfeinert werden.

Es kann auch alkoholfreies Bier, dunkles Bier oder Malzbier verwendet werden.

HERSTELLUNG

Zuerst das Bier, Öl und Salz in die Rührschüssel geben. Dann die trockenen Zutaten, einschließlich des Mix Brot, Leinsaatmehls, Buchweizenmehls und der Hefe hinzufügen. Bei Frischhefe einfach zerbröseln, sie muss nicht aufgelöst werden.

Die Zutaten etwa 20 Sekunden bei niedrigster Geschwindigkeit mischen und dann bei mittlerer Stufe 5 Minuten kneten. Achte darauf, den Rand der Schüssel mit einem Teigschaber sauber zu kratzen, damit alle Zutaten gut eingearbeitet werden.

Den Teig mit einem feuchten Tuch abdecken und 45 Minuten an einem warmen Ort (ca. 24–28 °C) ruhen lassen. Der Teig ist nach dem Kneten weich, wird aber während der Ruhezeit fester. Für eine kompaktere Krume und feinere Porung kann die Ruhezeit auf die Hälfte verkürzt werden.

Den Tisch leicht mit Reismehl oder Buchweizenmehl bestäuben.

Wenn es im Kasten gebacken werden soll, eine Kastenform (30 x 10 x 10 cm) mit Öl fetten.

Den Teig zu einer Kugel formen und mit dem Schluss nach oben in den Brotbacktopf geben. Abdecken und 60 Minuten garen lassen.

Für ein Kastenbrot den Teig flach drücken, die Seiten leicht einschlagen und von oben nach unten aufrollen. Abdecken und 60 Minuten gehen lassen.

Für ein freigeschobenes Brot den Teig lang wirken und auf ein Backblech mit Backpapier legen. Abdecken und 60 Minuten gehen lassen.

Den Ofen auf 240 °C Umluft oder 250 °C Ober-/Unterhitze vorheizen. Ein leeres Metallgefäß oder Backblech auf den Ofenboden mit aufheizen.

Vor dem Backen das freigeschobene Brot 3- bis 5-mal seitlich einschneiden. Ein Kastenbrot einmal längs der Kastenform nach einschneiden. Beim Brotbacktopf einfach den Deckel aufsetzen.

Das Brot mittig in den Ofen stellen und etwa 200 ml Wasser in das vorgeheizte Gefäß auf dem Ofenboden gießen, um Wasserdampf zu erzeugen. (Beim Brotbacktopf wird kein Wasserdampf benötigt.)

Den Ofen sofort schließen und das Brot 50–60 Minuten backen.

Nach dem Backen das Brot aus der Form nehmen und auf einem Gitter auskühlen lassen.

GEWELLINGTES SCHÜTTELBROT

ZUTATEN VORTEIG

250 g Mix It rustico/dunkel
600 g Wasser (30 °C)
10 g Trockenhefe
oder 21 g Frischhefe

ZUTATEN TEIG

760 g Vorteig
250 g Mix It rustico/dunkel
250 g Mix Brot
10 g Salz
320 g Wasser (30 °C)
50 g Öl
10 g Trockenhefe
oder 21 g Frischhefe
5 g Bockshornklee, gemahlen
5 g Fenchel, gemahlen
5 g Kümmel, gemahlen

HERSTELLUNG VORTEIG

Das temperierte Wasser mit der Hefe vermischen und mit dem Mehl einen sehr weichen Teig herstellen. Den Teig abdecken und mindestens 90 Minuten ruhen lassen.

HERSTELLUNG BROT

Den Vorteig mit den restlichen Zutaten in die Rührschüssel geben und auf langsamer Stufe so lange verkneten, bis alles homogen vermischt ist.

Den Teig abdecken und 45 Minuten ruhen lassen.

Zwei Küchentücher auf die Arbeitsfläche legen und kräftig mit Buchweizenmehl bestäuben.

Den Ofen auf 210 °C Umluft oder 220 °C Ober-/Unterhitze vorheizen. Ein Backblech mit Backpapier vorbereiten oder einen Pizzastein im Ofen mit aufheizen. Der Pizzastein sollte mindestens 20 bis 30 Minuten vorheizen.

Vom Teig jeweils 120 g Stücke abnehmen, mit bemehlten Händen rundlich formen und auf die bemehlten Küchentücher legen. Weitere 20 Minuten ruhen lassen.

Den Teigling auf ein gut mit Buchweizenmehl bestäubtes Brett legen, das mindestens 26 cm Durchmesser hat. Den Teigling leicht flach drücken, sodass ein dicker Rand und eine etwas dünnere Mitte entsteht.

Das Brett schütteln und dabei drehen, sodass der Teig dünn und breit wird, aber der Rand etwas dicker bleibt und die Mitte dünner wird. Dies ergibt die typische Form des Schüttelbrotes.

Den Teigling direkt auf das vorbereitete Backblech oder den Pizzastein im Ofen abschieben. Beim Pizzasteins ist die Backzeit etwas kürzer.

Die Teigstücke ca. 25 bis 30 Minuten backen und auf einem Kuchengitter vollständig auskühlen lassen.

→ *Tipp: Wenn ihr weniger »Arbeit« mit dem Schütteln haben möchtet, könnt ihr die Teiglinge auch 30 Minuten ruhen lassen.*

→ *Hinweis: Zum Aufarbeiten des Teigs ist es wichtig, Buchweizenmehl zu verwenden, da es ein sehr rustikaler Teig ist. Verwendet reichlich Mehl auf den Tüchern und dem Schüttelbrett.*

BROTE UND GEBÄCKE OHNE HEFE

OLIVERS KÄSE-KONFEKT

Ergibt ca. 50 Kugeln

ZUTATEN

330 g Tapiokamehl
65 g Öl
165 g geriebener Käse nach Wunsch (bei Parmesan das Salz um 25% reduzieren)
50 g Ei
140 g Milch
50 g Wasser
7 g Salz

→ *Tipp: Diese Käsebällchen schmecken mir kalt am besten!*

HERSTELLUNG

Die Milch, Wasser, Öl und Salz in einem Topf kurz aufkochen lassen.

Das Tapiokamehl in eine Knetschüssel geben.

Die aufgekochte Flüssigkeit direkt über das Mehl gießen und auf niedrigster Stufe kneten lassen.

Während des Knetens das Ei schrittweise dazugeben. Den Teig nur so lange kneten, bis er fast fertig ist.

Bevor der Teig komplett fertig ist, den geriebenen Käse hinzufügen und so lange unterkneten, bis der Käse gleichmäßig verteilt ist. Der Teig sollte weich, aber homogen sein.

Den fertigen Teig abgedeckt mit Frischhaltefolie für eine Stunde in den Kühlschrank stellen.

Nach der Ruhezeit den Teig in ca. 50 kleine Kugeln formen.

Den Ofen auf 180 °C Umluft oder 190 °C Ober-/Unterhitze vorheizen.

Die Käsebällchen auf ein Backblech mit Backpapier setzen. Größere Kugeln können auch in Muffinförmchen gegeben werden.

Die Käsebällchen je nach Größe 20 bis 25 Minuten backen, bis sie goldbraun und durchgebacken sind. Die Backzeit kann je nach Ofen und Größe der Kugeln variieren.

→ *Hinweis: Die ungebackenen Käsebällchen lassen sich hervorragend einfrieren. Dafür die Kugeln mit Abstand auf ein Backblech legen und einfrieren. Nach dem Einfrieren können sie in Gefrierbeutel oder -schüsseln umgefüllt und weiter im Gefrierschrank gelagert werden. Vor dem Backen die gefrorenen Kugeln 10 bis 15 Minuten antauen lassen und dann wie beschrieben backen. Die Backzeit kann sich dabei um etwa 5 Minuten verlängern.*

Neben Käse können auch getrocknetes Gemüse, etwa getrocknete Tomaten (nicht in Öl) oder Kräuter nach Wunsch zum Teig hinzugefügt werden. Wenn getrocknete Tomaten in Öl verwendet werden, kann das Öl für den Teig genutzt werden. Die Tomaten sollten fein gehackt werden. Der Käse kann je nach Vorliebe durch anderen geriebenen Käse ausgetauscht werden.

HEFEFREIES QUARKBROT

ZUTATEN

500 g Mix Brot
250 g Wasser (28 °C)
250 g Quark (Raumtemperatur)
40 g Öl (Sorte nach Wunsch)
8 g Salz
20 g Backpulver

ZUM ABSTREICHEN

1 Eigelb mit 30 g Milch
und 2 g Salz, gut vermischt

→ *Hinweis: Man kann statt Quark auch Joghurt, Schmand oder Sauerrahm nehmen. In diesem Fall bitte die Wassermenge um 50 g reduzieren.*

HERSTELLUNG

Den Ofen auf 200 °C Umluft oder 210 °C Ober-/Unterhitze vorheizen und eine leere, feuerfeste, kleine Metallschüssel auf dem Ofenboden mit erhitzen.

Die Mischung zum Abstreichen vorbereiten, da das Gebäck ohne Hefe schlechter bräunt und ansonsten grau bleibt.

Salz, Quark (oder Alternative), Öl und Wasser in die Rührschüssel geben.

Das Mehl einwiegen und eine kleine Mulde formen, in die das Backpulver gegeben wird, um eine zu frühe Aktivierung des Backpulvers zu verhindern.

Die Zutaten zunächst 30 Sekunden bei langsamer Geschwindigkeit vermischen, dann 3 Minuten bei mittlerer Geschwindigkeit kneten. Den Rand der Schüssel mit einem Teigschaber sauber kratzen, damit alle Zutaten in den Teig eingearbeitet werden. Der Teig sollte homogen und glatt sein.

Den Teig direkt und zügig verarbeiten, da das Backpulver sonst seinen Trieb verliert.

Den Teig halbieren, beide Teile gut durchkneten und jeweils zu einem Brotlaib formen.

Die geformten Laibe auf ein Backblech mit Backpapier legen und gleichmäßig und dünn mit der Ei-Milch-Mischung abstreichen.

Das Backblech in den vorgeheizten Ofen schieben und etwa 100 ml Wasser in das heiße Gefäß am Ofenboden gießen, um Dampf zu erzeugen. Den Ofen sofort schließen.

Das Brot ca. 40 bis 50 Minuten backen, je nach gewünschter Krustenfarbe.

HEFEFREIES RUSTIKALES QUARKBROT

ZUTATEN

250 g Mix Brot
250 g Mix It dunkel/rustico
250 g Wasser (28 °C)
250 g Quark (Raumtemperatur)
40 g Öl (Sorte nach Wunsch)
8 g Salz
20 g Backpulver

ZUM ABSTREICHEN

1 Eigelb mit 30 g Milch
und 2 g Salz, gut vermischt

→ *Hinweis: Man kann statt Quark auch Joghurt, Schmand oder Sauerrahm nehmen. In diesem Fall bitte die Wassermenge um 50 g reduzieren.*

HERSTELLUNG

Den Ofen auf 200 °C Umluft oder 210 °C Ober-/Unterhitze vorheizen.

Eine leere, feuerfeste, kleine Metallschüssel auf den Ofenboden stellen und mit erhitzen.

Die Mischung zum Abstreichen vorbereiten, da das Brot ohne Hefe schlecht bräunt und grau bleiben kann.

Salz, Quark, Öl und Wasser in die Rührschüssel geben.

Das Mehl einwiegen und eine kleine Mulde formen, in die das Backpulver gegeben wird, um eine zu frühe Aktivierung zu verhindern.

Die Zutaten zunächst 30 Sekunden bei langsamer Geschwindigkeit vermischen, dann 3 Minuten bei mittlerer Geschwindigkeit kneten. Den Rand der Schüssel mit einem Teigschaber sauberkratzen, damit alle Zutaten in den Teig eingearbeitet werden. Der Teig sollte homogen und glatt sein.

Den Teig direkt und zügig verarbeiten, da das Backpulver sonst seinen Trieb verliert.

Den Teig halbieren, beide Teile gut durchkneten und jeweils zu einem Brotlaib formen.

Die geformten Laibe auf ein Backblech mit Backpapier legen und gleichmäßig dünn mit der Ei-Milch-Mischung abstreichen.

Das Backblech in den Ofen schieben, etwa 100 ml Wasser in das heiße Gefäß am Ofenboden gießen, um Dampf zu erzeugen. Den Ofen sofort schließen.

Das Brot ca. 40 bis 50 Minuten backen, je nach gewünschter Krustenfarbe.

OLLIS NAAN-BROT

ZUTATEN

400 g Mix Brot
100 g Quark (jede Sorte), Zimmertemperatur
250 g Wasser (ca. 28 °C)
35 g Olivenöl
7 g Salz
16 g Backpulver

HERSTELLUNG

Zuerst Wasser, Salz, Quark und Öl in die Rührschüssel geben. Dann das Mehl einwiegen und eine kleine Mulde formen, in die das Backpulver gegeben wird. So wird verhindert, dass das Backpulver zu früh mit dem Wasser in Kontakt kommt und aktiviert wird.

Die Zutaten 30 Sekunden bei langsamer Geschwindigkeit vermischen und anschließend 3 Minuten bei mittlerer Geschwindigkeit kneten. Achte darauf, den Rand der Schüssel sauber zu kratzen, damit alle Zutaten gut eingearbeitet werden. Der Teig sollte homogen und glatt sein.

Eine große beschichtete Pfanne auf dem Herd vorheizen. Die Pfanne sollte heiß genug sein, damit sich schnell die typischen Blasen auf dem Naan entwickeln, aber nicht so heiß, dass der Teig verbrennt.

Den Teig in 80 g Stücke abwiegen und diese rund schleifen (zu Kugeln formen).

Jede Kugel auf einer leicht bemehlten Arbeitsfläche zu dünnen Fladen ausrollen. Die Dicke sollte zwischen 2 und 3 mm liegen.

Sobald ein Fladen ausgerollt ist, ihn direkt in der heißen Pfanne backen. Jede Seite etwa 2–4 Minuten backen, je nach Hitze des Herdes. Achte darauf, dass jede Seite gleich lange in der Pfanne bleibt, damit der Teig gleichmäßig durchgebacken wird.

SÜßE BROTE

OLLIS MÜSLIBROT

ZUTATEN BRÜHSTÜCK

100 g Chiasamen
100 g Leinsaat
100 g Haferflocken
300 g Milch, kochend

ZUTATEN TEIG

400 g Äpfel, sehr fein in dünne Scheibchen von 1×2 cm geschnitten
100 g Honig
2 g Zimt
200 g Rosinen, gewaschen und gut abgetropft
80 g Cranberrys, gehackt
120 g Mandeln oder Nüsse, gehackt
60 g Amarantpops
400 g Mix Brot
8 g Backkakao
20 g Backpulver
160 g Joghurt

DEKO

Haferflocken

→ *Tipps: Die Rosinen können durch andere Trockenfrüchte (ungezuckert) ersetzt werden. Diese sollten jedoch klein gehackt und nicht gewaschen werden.*

Die Amarantpops können durch jegliche glutenfreie Getreide- oder Pseudogetreidepops ersetzt werden.

HERSTELLUNG BRÜHSTÜCK

Alle Saaten und Flocken in eine Schüssel geben und mit der kochenden Milch übergießen.

Alles gut vermischen und 30 Minuten quellen lassen.

HERSTELLUNG TEIG

Die fein geschnittenen Apfelstückchen mit Honig, Zimt, Rosinen, Cranberrys, gehackten Mandeln oder Nüssen und dem Brühstück vermischen. Diese Mischung über Nacht gut abgedeckt bei Zimmertemperatur stehen lassen. Wenn es eilig ist, reichen auch 5 Stunden Stehzeit.

Am nächsten Tag den Ofen auf 165 °C Umluft (175 °C Ober-/Unterhitze) vorheizen und ein leeres Metallgefäß auf den Ofenboden stellen.

Das Mehl mit dem Backkakao, Amarantpops und Backpulver vermischen. Diese Mischung zusammen mit der gut durchgezogenen Apfelmischung und dem Joghurt in die Rührschüssel geben.

Mit einem Flachrührer auf niedrigster Stufe einen Teig herstellen. Sollte der Teig zu fest und trocken wirken, etwas Milch in max. 5-g-Schritten zugeben.

BACKVARIANTEN

- In der Kastenform: Soll der Teig weicher bleiben, kann das Brot in einer 30×10×10 cm Kastenform gebacken werden. Die Backform gleichmäßig fetten und mit Haferflocken ausstreuen, bevor der Teig in die Form gefüllt wird.
- Frei geschobenes Brot: Den Teig für ein frei geschobenes Brot etwas fester lassen. Nach dem Formen das Brot mit Wasser abstreichen und in Haferflocken wälzen. Den geformten Laib nachformen und auf ein Backblech mit Backpapier legen.

BACKEN BEIDER VARIANTEN

Das Brot mittig in den Ofen geben, Wasser in das aufgeheizte Gefäß am Boden gießen und den Ofen sofort schließen. Das Brot für ca. 60 bis 70 Minuten backen, je nach gewünschter Bräunung.

OLIVERS SAFTIGES BANANENBROT

ZUTATEN

350 g Mix Kuchen & Kekse
1 Päckchen Backpulver
110 g Walnüsse, gehackt
150 g Margarine, weich
160 g Rohrzucker
4 g Salz
3 Eier (ca. 150 g)
3 Bananen, weich
125 g Milch

HERSTELLUNG

Das Mix Kuchen & Kekse mit dem Backpulver und den gehackten Walnüssen vermengen.

Die weiche Margarine in einer Schüssel mit dem Rohrzucker und Salz auf höchster Stufe schaumig rühren.

Die Eier nacheinander unter die Margarine-Zucker-Mischung schlagen, dabei nach jedem Ei 2 EL der Mehlmischung zugeben und auf höchster Stufe gut aufschlagen.

Die weichen Bananen mit einer Gabel oder einem Kartoffelstampfer grob zerdrücken und ebenfalls unter die Eimasse rühren.

Die restliche Mehlmischung abwechselnd mit der Milch unter die Bananenmasse heben, bis ein homogener Teig entsteht.

Den Teig in die gut gefettete 30×10×10 cm Kastenform füllen und im vorgeheizten Ofen bei 180 °C Ober-/Unterhitze ca. 1 Stunde backen.

Das Bananenbrot nach dem Backen 10 Minuten in der Form abkühlen lassen, dann aus der Form stürzen und vollständig auskühlen lassen.

OLIVERS APFELBROT

ZUTATEN

750 g Äpfel, sehr fein in dünne Scheibchen von 1×2 cm geschnitten
180 g Honig oder Rohzucker
2 g Zimt
250 g Rosinen, gewaschen und gut abgetropft
130 g Mandeln oder Nüsse, gemahlen
15 g Rum (optional)
8 g Lebkuchengewürz (optional)
1 g Nelke, gemahlen (optional)
500 g Mix Brot
10 g Backkakao (optional)
25 g Backpulver
Ggf. etwas Milch

HERSTELLUNG

Die fein geschnittenen Apfelstückchen mit Honig oder Zucker, Zimt, Rosinen, gemahlenen Mandeln oder Nüssen, Rum, Lebkuchengewürz und Nelkenpulver vermischen. Diese Mischung über Nacht gut abgedeckt bei Zimmertemperatur stehen lassen. Wenn es eilig ist, reichen auch 5 Stunden Stehzeit.

Am nächsten Tag den Ofen auf 165 °C Umluft (175 °C Ober-/Unterhitze) vorheizen und ein leeres Metallgefäß auf den Ofenboden stellen.

Das Mehl mit dem Kakao und Backpulver vermischen und zusammen mit der gut durchgezogenen Apfelmischung mit einem Flachrührer auf niedrigster Stufe zu einem Teig verarbeiten. Sollte der Teig zu fest und trocken wirken, einfach etwas Milch in kleinen Schritten (max. 5 g) zugeben.

Den Teig für ein freigeschobenes Brot etwas fester lassen und den geformten Laib auf ein Backblech legen. Soll der Teig weicher bleiben, kann das Brot in einer 30×10×10 cm Kastenform gebacken werden, die auf ein Gitter im Ofen gestellt wird.

Das Brot mittig in den Ofen geben, Wasser in das aufgeheizte Gefäß am Boden schütten, den Ofen sofort schließen und das Brot ca. 60 –70 Minuten backen.

→ *Hinweis: Die Gewürze (außer Zimt) sind optional, aber empfehlenswert für einen intensiveren Geschmack. Auch der Rum kann weggelassen werden, trägt jedoch zur Abrundung des Geschmacks bei, ohne vorzuschmecken.*

OLIVERS HONIGBROT »AFRICAN WAY«

ZUTATEN

600 g Mix Brot
7 g Salz
125 g klarer, flüssiger Honig
12 g Trockenhefe
3 Eigelb
80 g weiche Butter
400 g lauwarme Milch (ca. 32 °C)
3 g Zimt, gemahlen
1 Prise Nelken, gemahlen
5 g Koriander, gemahlen

ZUM ABSTREICHEN

1 Eigelb mit 30 g Milch, gut vermischt

HERSTELLUNG

Die Trockenhefe in der lauwarmen Milch auflösen und die Eigelbe unterrühren.

Zuerst die Hefe-Ei-Milch in die Rührschüssel geben, dann die weiche Butter und den Honig hinzufügen. Anschließend die trockenen Zutaten (Mix Brot, Salz, Zimt, Nelken, Koriander) in die Schüssel geben.

Den Teig auf mittlerer Geschwindigkeit kneten, bis er homogen ist. Dabei den Schüsselrand mit einem Teigschaber abkratzen, damit alle Zutaten gut eingearbeitet werden.

Der Teig ist sehr weich und muss nun abgedeckt in der Schüssel für 45 bis 60 Minuten an einem warmen Ort ruhen.

In der Zwischenzeit eine Backform (30×10×10 cm) mit Butter nicht zu dünn einfetten.

Nach der Ruhezeit den Teig auf eine leicht bemehlte Arbeitsfläche geben und zu einer glatten Kugel kneten. Die Kugel anschließend lang formen und in die vorbereitete Backform legen.

Den Teig in der Form ca. 45 Minuten garen lassen.

Gegen Ende der Gare den Ofen auf 150 °C Umluft oder 160 °C Ober-/Unterhitze vorheizen und eine leere, feuerfeste Metallform oder ein Backblech auf dem Ofenboden mit aufheizen.

Nach der Gare das Gebäck mit Ei-Gemisch abstreichen.

Das Brot auf mittlerer Schiene im vorgeheizten Ofen auf einem Backgitter backen. Gleichzeitig ca. 200 ml Wasser in die feuerfeste Form am Boden des Ofens gießen, um Dampf zu erzeugen.

Das Brot etwa 50–60 Minuten backen.

Nach dem Backen das Brot aus der Form nehmen und auf einem Kuchengitter vollständig auskühlen lassen.

OBERLAUSITZER FRÜCHTEBROT

ZUTATEN TEIG

375 g Mix It dunkel/rustico
390 g Wasser (28 °C)
5 g Zucker
7 g Salz
60 g Öl
3 EL Milch
15 g Trockenhefe
oder 31 g Frischhefe

ZUTATEN FRÜCHTEMISCHUNG

50 g getrocknete Feigen
50 g getrocknete Pflaumen
50 g getrocknete Aprikosen

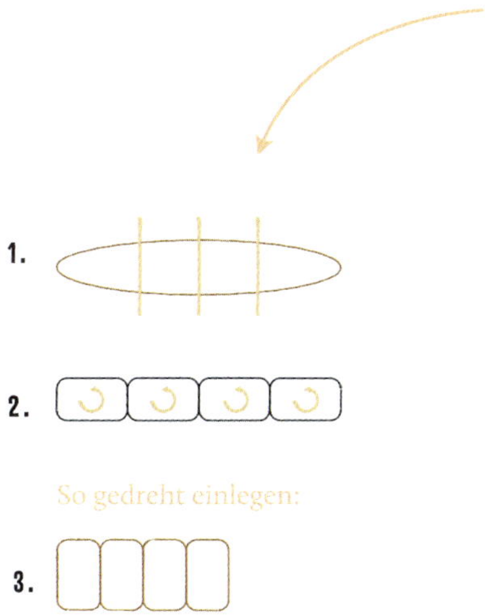

HERSTELLUNG

Die getrockneten Früchte möglichst gleichmäßig und nicht zu klein würfeln und anschließend gut vermischen.

Für den Brotteig Salz, Zucker, Milch, Öl und Wasser in die Rührschüssel geben. Das Mehl abwiegen und hinzufügen. Zum Schluss die Hefe auf das Mehl bröseln (bei Frischhefe) oder streuen (bei Trockenhefe).

Die Mischung zunächst 30 Sekunden bei langsamer Geschwindigkeit vermengen. Anschließend 5 Minuten auf höchster Geschwindigkeit kneten. Es ist wichtig, den Rand der Schüssel während des Knetvorgangs sauber zu kratzen, damit alle Zutaten gut in den Teig eingearbeitet werden.

Eine Minute vor dem Ende der Knetzeit die vorbereitete Früchtemischung hinzufügen und vorsichtig unter den Teig mischen, bis die Früchte gleichmäßig verteilt sind. Achtet darauf, nicht zu lange zu kneten, um die Früchte nicht zu zerdrücken.

Den Teig abgedeckt in der Rührschüssel für 30 Minuten nachquellen lassen.

Die Brotbackform (Toastform mit 20 cm ohne Deckel) bei Bedarf dünn mit Öl einfetten.

Den Teig aus der Schüssel nehmen und mit etwas Mehl auf einer Arbeitsfläche zu einer Kugel formen. Diese Kugel flach drücken, die Seiten in die Mitte einschlagen und zu einer Stange aufrollen. Die Stange in vier Stücke teilen und die einzelnen Teile um 90° gedreht in die Form legen, sodass die Schnittflächen nach außen zeigen.

Den Teig in der Form für 40 Minuten garen lassen.

Den Ofen auf 200 °C Umluft oder 210 °C Ober-/Unterhitze vorheizen. Eine leere, feuerfeste Schüssel oder ein altes Backblech auf den Ofenboden stellen und mit aufheizen. Das Brot in den vorgeheizten Ofen schieben, etwa 100 ml Wasser in die vorgeheizte Schüssel oder auf das Blech gießen und den Ofen sofort schließen.

Das Brot für 55 bis 65 Minuten backen, je nach gewünschter Bräunung.

Nach dem Backen das Brot auf ein Kuchengitter stürzen und vollständig auskühlen lassen, bevor es angeschnitten wird. Sonst bricht es auseinander.

OLLIS SCHOKOLADIGE VERSUCHUNG

ZUTATEN TEIG

480 g Mix Brot
20 g Backkakao
5 g Salz
60 g Rohrzucker (oder normaler Zucker)
10 g Vanillezucker
21 g Frischhefe
oder 1 Packung Trockenhefe
20 g Eigelb
40 g weiche Butter
450 g lauwarme Milch (ca. 32 °C)
Etwas flüssiges Zitronenaroma oder geriebene Zitronenschale

ZUM BESTREICHEN

1 Ei mit etwas Milch
und einer Prise Salz, verquirlt
Backfeste Schokocreme

ZUTATEN SCHOKOCRÈME

250 g Milch
15 g Maisstärke
10 g Backkakao
25 g Ei
30 g Zucker
½ Päckchen Bourbon-Vanillezucker
¼ Ampulle Rum-Aroma (optional)
1 Prise Salz

HERSTELLUNG SCHOKOCRÈME

Maisstärke und Backkakao mit 100 g Milch gut verrühren. Das Ei hinzufügen und alles gut vermischen. Beiseitestellen.

Die restliche Milch zusammen mit Salz, Zucker und Vanillezucker in einem Topf zum Kochen bringen. Dabei zu Beginn mit einem Schneebesen rühren, damit der Zucker sich gut auflöst.

Sobald die Milch kocht, die vorbereitete Milch-Eier-Maisstärke-Mischung nochmals verrühren und unter Rühren in die kochende Milch einfließen lassen. Die Schokokrem langsam weiter rühren, bis sie wieder aufkocht. Etwa 1 Minute köcheln lassen, dann in eine frische Schüssel füllen.

Die Oberfläche der Schokocrème direkt mit Frischhaltefolie abdecken, um die Bildung einer Haut zu verhindern. Die Crème vollständig auskühlen lassen.

→ *Hinweise: Bei Verwendung von pflanzlichem Milchersatz die Maisstärkemenge um 2 g reduzieren, um eine zu feste Crème zu vermeiden.*

Die Schokocrème idealerweise einen Tag vorher zubereiten und im Kühlschrank aufbewahren. Vor der Verwendung auf Raumtemperatur bringen, sonst kühlt sie den Teig zu stark ab und das Gebäck wird nicht locker, fluffig und saftig.

HERSTELLUNG TEIG

Die Hefe in der lauwarmen Milch auflösen, dann das Eigelb einrühren.

Hefe-Ei-Milch in die Rührschüssel geben, dann Butter, Zucker und alle trockenen Zutaten hinzufügen. Zum Schluss das Zitronenaroma dazugeben.

Den Teig bei mittlerer Geschwindigkeit kneten, bis er glatt und geschmeidig ist. Während des Knetens den Schüsselrand abkratzen, damit alle Zutaten gut eingearbeitet werden. Der Teig sollte weich sein.

WEITER »

OLLIS SCHOKOLADIGE VERSUCHUNG

FORTSETZUNG

Den Teig abgedeckt an einem warmen Ort 45 bis 60 Minuten ruhen lassen.

Bitte auf keinen Fall weiteres Mehl unterkneten, weil einem der Teig zu weich vorkommt. Bitte auch nicht die Schüssel in den ausgeschalteten Ofen setzen, diese Methode ist i.d.R. zu warm für die Hefe, sie nimmt Schaden.

Den Teig auf eine leicht bemehlte Arbeitsfläche geben und vorsichtig zu einer glatten Kugel kneten. Bitte nicht zu fest kneten, da sonst die Struktur des Teiges beschädigt wird. Anschließend zu einer Stange rollen und flach drücken. Die Seiten in Richtung Mitte falten, sodass ein Rechteck entsteht.

Das Rechteck auf etwa 5–6 mm Dicke ausrollen. Dabei darauf achten, immer wieder mal unter den Teig Mehl nachzustreuen. Die Breite, sollte nicht die Breite einer Kastenform 30×10×10 cm übersteigen.

Die Schokocrème mit einem Schneebesen glattrühren und gleichmäßig auf dem Teigrechteck verstreichen. Den Teig von der kurzen Seite her aufrollen, darauf achten, dass keine Luftblasen entstehen.

Eine Kastenform (30×10×10 cm) einfetten und den aufgerollten Teigstrang hineinlegen. Für weitere 40 Minuten garen lassen.

Den Ofen auf 170 °C Umluft oder 180 °C Ober-/Unterhitze vorheizen und eine leere, feuerfeste Form im Ofen mit aufheizen.

Nach der Gare das Gebäck mit der Ei-Milch-Mischung abstreichen und in den vorgeheizten Ofen schieben. Etwa 200 ml Wasser in die heiße Form gießen, den Ofen sofort schließen und das Gebäck etwa 40 Minuten backen.

→ *Tipps: 100 g gehackte dunkle Kuvertüre auf die Schokocrème streuen, bevor der Teig aufgerollt wird.*

Je nach Geschmack den Zuckergehalt anpassen (bis zu 20 g mehr oder weniger).

Statt der Schokocrème können auch backfeste Schokotropfen/-stücke in den Teig eingearbeitet werden (eine Minute vor Ende der Knetzeit). Egal ob dunkle, helle oder weiße Schokotropfen/-stücke.

OLIVERS NUSSBROT-TRAUM

ZUTATEN

520 g Wasser (30 °C)
30 g Öl (z. B. Raps- oder Sonnenblumenöl)
8 g Salz
400 g Mix Brot
50 g glutenfreies Leinsaatmehl
50 g glutenfreies Buchweizenmehl
10 g Trockenhefe
oder 21 g Frischhefe
180 g Nüsse nach Wahl
(z. B. Haselnüsse oder Walnüsse)

VORBEREITUNG NÜSSE

- Haselnüsse: Nüsse nicht zu dunkel anrösten und die Schale vollständig entfernen. Von den 180 g Haselnüssen 30 g entfernen und fein mahlen.
- Walnüsse: Walnüsse gut anrösten. Von den 180 g Walnüssen 30 g entfernen und fein mahlen.

HERSTELLUNG

Wasser, Öl und Salz in die Rührschüssel geben.

Die trockenen Zutaten (inkl. der 30 g gemahlenen Nüsse) und die Hefe hinzufügen. Frischhefe einfach zerbröseln, sie muss nicht aufgelöst werden.

Die Zutaten ca. 20 Sekunden bei niedrigster Geschwindigkeit mischen und dann 5 Minuten bei mittlerer Stufe kneten lassen. Achte darauf, den Rand der Schüssel zu Beginn sauber zu kratzen, damit alle Zutaten gut vermischt werden.

1 Minute vor Ende der Knetzeit die restlichen Nüsse hinzufügen und auf niedrigster Stufe so lange kneten, bis sie gleichmäßig im Teig verteilt sind.

Den Teig mit einem feuchten Tuch abdecken und 60 Minuten an einem warmen Ort (24–28 °C) ruhen lassen. Der Teig ist nach dem Kneten sehr weich, wird während der Ruhephase jedoch fester. Für ein Brot mit kompakterer Krume und feinerer Porung die Ruhezeit halbieren.

Den Tisch mit Reismehl oder Buchweizenmehl bestäuben.

Eine Brotbackform (30×10×10 cm) dünn mit Öl fetten. Bitte keine Butter verwenden, da diese sonst anbrennt.

Den Teig zu einer Kugel formen und für ein Kastenbrot lang wirken: Den Teig flach drücken, die Seiten einschlagen und von oben einrollen. Die Oberseite in Buchweizenmehl oder Mix dunkel wälzen, damit das Brot bemehlt-rustikal aussieht, und in die vorbereitete Form legen. Leicht flach drücken und 35–40 Minuten gehen lassen.

WEITER »

OLIVERS NUSSBROT-TRAUM

FORTSETZUNG

Währenddessen den Ofen auf 220 °C Umluft oder 230 °C Ober-/Unterhitze vorheizen. Ein leeres Metallgefäß im Ofen mit aufheizen.

Alternativ kann das Brot ohne Form freigeschoben gebacken werden: Den Teig lang wirken, und auch hier in etwas Mix Brot rollen, damit es schön rustikal aussieht. Auf ein Backblech legen und je nach Raumtemperatur 35–40 Minuten garen lassen. Das freigeschobene Brot vor dem Backen 3- bis 5-mal seitlich einschneiden.

Das Brot mittig in den Ofen schieben und gleichzeitig 200 ml Wasser in die vorgeheizte Form auf dem Ofenboden gießen, um Wasserdampf zu erzeugen. Den Ofen sofort schließen und das Brot ca. 60 Minuten backen.

Das Brot nach dem Backen sofort aus der Form nehmen und auf einem Gitter auskühlen lassen.

→ *Hinweis: Sollten Brötchen oder Baguette aus diesem Teig gemacht werden, orientiert euch bei Gare und Backzeit am Rezept für helle Brötchen.*

OLIVERS KASTANIENGENUSS

ZUTATEN

320 g gegarte Esskastanien
520 g Wasser (30 °C)
50 g Öl (z. B. Raps- oder Sonnenblumenöl)
9 g Salz
410 g Mix Brot
50 g glutenfreies Leinsaatmehl
50 g glutenfreies Buchweizenmehl
10 g Trockenhefe oder 21 g Frischhefe
10 g Honig

HERSTELLUNG

160 g der Kastanien grob hacken und zur Seite stellen.

Die restlichen Kastanien mit der gesamten Ölmenge, 100 g des Wassers und dem Honig in einem Mixer oder mit einem Pürierstab zu einer feinen Paste verarbeiten.

Die Kastanienpaste zusammen mit dem restlichen Wasser und dem Salz in die Rührschüssel geben.

Die trockenen Zutaten hinzufügen und zuletzt die Hefe einstreuen. Frischhefe einfach zerbröseln, sie muss nicht aufgelöst werden.

Die Mischung etwa 20 Sekunden bei niedrigster Geschwindigkeit und anschließend 5 Minuten bei mittlerer Geschwindigkeit kneten. Dabei darauf achten, den Rand der Schüssel mit einem Teigschaber sauber zu kratzen, damit alle Zutaten in den Teig gelangen.

1 Minute vor Ende der Knetzeit die gehackten Kastanien zugeben und auf niedrigster Stufe so lange weiterkneten, bis sie gleichmäßig im Teig verteilt sind.

Den Teig in der Schüssel abdecken und 60 Minuten an einem warmen Ort (ca. 24–28 °C) ruhen lassen. Der Teig wird nach dieser Zeit fester. Für ein Brot mit kompakterer Krume kann die Ruhezeit auf die Hälfte verkürzt werden.

Den Tisch mit etwas Reismehl oder Buchweizenmehl bestäuben.

Den Teig zu einer Kugel formen und für ein Kastenbrot lang wirken. Dafür die Teigkugel flach drücken, die Seiten einschlagen und den Teig zur gewünschten Größe einrollen.

Die Oberseite des Teigs in Mix Brot wälzen, um ein rustikales Aussehen zu erzielen. Den Teig in eine leicht geölte Brotbackform (30×10×10 cm) legen und leicht flachdrücken. Je nach Raumtemperatur 25 bis 30 Minuten garen lassen.

WEITER »

OLIVERS KASTANIENGENUSS

FORTSETZUNG

Den Ofen auf 220 °C Umluft oder 230 °C Ober-/Unterhitze vorheizen und ein leeres Metallgefäß auf dem Ofenboden mit aufheizen.

Für ein freigeschobenes Brot den Teig lang wirken, in Mix Brot wälzen und auf ein Backblech mit Backpapier legen. Nach Wunsch 3–5-mal nicht zu tief einschneiden.

Das Brot mittig in den Ofen geben und 200 ml Wasser in die vorgeheizte Form gießen, um Wasserdampf zu erzeugen. Den Ofen sofort schließen und das Brot 60 Minuten backen.

Das Brot direkt nach dem Backen aus der Form nehmen und auf einem Gitter auskühlen lassen.

→ *Hinweis: Sollen Brötchen oder Baguettes gebacken werden, bitte die Gare und Backzeit entsprechend dem Rezept für helle Brötchen anpassen.*

OLIVERS DATTELBROT-TRAUM

ZUTATEN TEIG

130 g Butter, weich
120 g Rohzucker
3 g Salz
100 g Eier (ca. 2 Eier)
200 g Äpfel, gerieben
50 g Skyr oder Joghurt
2 TL Zimt
300 g Datteln, in Streifen geschnitten oder gehackt
75 g Haselnüsse, gemahlen
260 g Schär Mix Kuchen & Kekse
1 Päckchen Backpulver
Etwas Hagelzucker (optional)

HERSTELLUNG

Die weiche Butter rühren, bis sich kleine Spitzen bilden.

Den Rohzucker und das Salz zur Butter geben und gut verrühren.

Die Eier nach und nach unterrühren und weiter auf höchster Stufe schlagen, bis die Masse hell ist.

Skyr oder Joghurt, Zimt, geriebene Äpfel, Datteln und gemahlene Haselnüsse unter die Butter-Ei-Masse mischen.

Das Mehl mit dem Backpulver vermischen und unter den Teig rühren.

Den Teig in eine mit Backpapier ausgelegte Kastenform füllen und glattstreichen. Anschließend kann man das Brot grob mit Hagelzucker bestreuen.

In der unteren Hälfte des vorgeheizten Ofens bei 180 °C (Ober-/Unterhitze) 50–60 Minuten backen.

Das Brot auf einem Gitter vollständig auskühlen lassen.

DANKE!

Ich danke herzlich meiner Gruppe und meinen Followern auf Facebook und Instagram, meinem Verleger Sven Nieder, meinem Lektor Tim Becker, meinem Buchgestalter Björn Pollmeyer und meinem Fotografen Oliver Götz.